書けないんじゃない、考えてないだけ。

かんそう

サンマーク出版

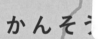

あなたは「文章力がある」とされている人間が、
なんの苦悩もなくスラスラと
文章を書いていると思っていませんか？

そんなことはありません。

素晴らしい文章を書いている人ほど、

頭の中で必死に
考えているはずです。

彼らはセンスで書いているように
見せる能力が高いだけで、
誰しもが「書けない」と悩み、
枕を濡らす夜はあるのです。

「文章について
本気出して考えた時間の量」

本書では、「文章力」をこのように定義しています。

書く前に、どうやって考えるか。
書く前に、どれだけ考えられるか。
考えたあとに、読まれる文章をどうやって書くか。

考える↓書く

これさえできれば、あなたの想いや感動を
何千字でも何万字でも書けるようになるのです。

はじめに

昨年6月、担当編集さんから「文章術について本をご執筆いただけないでしょうか？」とメールが来たとき、こう思いました。

「死んでもやるか」と。

「ぼくは普段、こういうことを意識して文章を書いています！　すごいでしょ？　あなたもこうしましょう！」

とか言うの、この世で最もダサい行為じゃないですか。気を失うほどダサい。こんなもんただの生き恥。文章なんて100％センスで書いてると思われたいじゃないですか。

「文章術……？　なんですかそれ？　いや……別に技術とか理論とかそんなんは、ないですね……あったことや思ったことそのまま言葉にしてたらなんか勝手に読まれて、文章力あるとか言われて騒がれてるだけで。てか、別に簡単でしょ文章書くのなんて……。え？　他の人ってそんないろいろ考えて書いてるんですか？　うわ、すいません全然理解できないっす……笑」

って言いたいんですよ。孤高の天才ぶりたいんですよ。

それなのに、文章術の、本？　嫌がらせかよ。

わざわざ「本出しませんか？」なんて声かけてくれて本当にありがたいんですけど、なんでよりによって「文章術の本」なんだよ。ネットで活動してる本名も隠したやつが出す本なんて、noteの日記そのままコピペしたエッセイかバズったポストかき集めただけの本じゃねぇのかよ、俺もラクして本出したいんですけど？

てゆうかまず「文章術」ってなんだよ。「文章」の「術」って。気持ち悪い言葉。

その言葉がすでに文章として終わってるし「面白い文章書きたい！」って思って文章術の本買うやつの文章、絶対に面白くないだろ。

仮に「文章術」なんてもんがあったとして、知らねぇ他人に教えるわけないんですよ。そんな本読むくらい意識高いやつなんて、文章術教えてるやつにとっては「未来の競合」であり「未来の敵」じゃないですか。自分の仕事減るかもしれないのに、持ってる技をなんで他人に教えるんだよ。１００年続く秘伝のタレのレシピ昨日できた新店に教えるアホなラーメン屋いないだろ。

だから、文章術とか偉そうに言っても結局は「てにをは」を間違えないようにしましょう！　とか、句読点をちゃんとした位置に打ちましょう！　みたいな真似されても１ミリも問題ない、耳触りだけはいい上澄みすくったような薄い幼稚テクだけ教えて、どれだけ覚えられても絶対に自分を超えることはない「劣化俺」「劣化私」を量産してるだけ。

そして、薄い文章術の本を読んだ読者がさらに薄まった文章術の本を書き、それをまたその読者が読み、またさらに薄まった文章術の本を書き、それをまたその読者が、

地獄か？？？？？

世阿弥も言ってるんですよ「秘すれば花」って。秘めるからこそ花になる、秘めねば花の価値はないに等しい。

文章術なんて全部インチキで無価値、適当こいて金欲しいだけ。それなのに「誰からも共感されるようになる文章の書き方教えます！」とか言ってくるやつ、ロクな人間じゃないだろ。人様に教えられるくらい文章上手いんだったら、今すぐ俺の目の前で1からブログ作って初記事で万バズさせてみろ。「100万PVライターが！」とか言ってるけど書いてるサイトがデカいだけなんで自慢しないでもらっていいですか？　親が偉いのを自分の力だと思ってる社長の息子みたいなこと言うな。

もう文章術の本は世界から全て消したほうがいいですし、逆に本当に自分の手の内全部教えてるんだったら、「どうせ言ってもわからないだろ」ってめっちゃ舐められてるか、そもそも「大したことない情報」かの二択。もういっそ、世にある文章術の本一冊ずつ引用して「はい、ここ全然違います。やりなおし」ってツッコむだけの本出したろか？　腹立つマジで……。

……みたいな文章を書いている「かんそう」と申します。このたび文章術の本を出版させていただく運びとなりました。いきなりキレて怖かったね……。ごめんね……。

なぜ文章術の本を忌み嫌い、軽蔑している私が本を出すのか。
それは素晴らしい文章で溢れる世界にしたいからです。
そして「文章が書けるようになりたい」と願うあなたを救いたい。

あと、どうしても「本を出した実績」が欲しい。『王様のブランチ』のBOOKランキングでワイプに映る佐藤栞里に私の本の紹介を見て笑ってほしい。

私は2014年から、はてなブログにてこの世のカルチャーの全てを集めた個人ブログ「kansou」を運営し、その記事数は1000超、月間PVは最高240万アクセス、累計PVは5000万アクセス、読者登録数は全はてなブログ内で6位の多さを誇るこの世に100人いるといわれている「文章王」の一人。

そんな私が文字通り「全て」を公開します。

「文章術の本」ではなく、もはや「全裸本」です。田中みな実の写真集よりさらけ出してると言っても過言ではありません。

この本には、有象無象の文章術の本には決して書かれていない「真実」が記されています。これを読めば、「文章が上手い」「文章が下手」の概念を超越した、あなただけの文章が書けるようになります。

私の名前、かんそう（kansou）とは一人の人間の名前ではなく、文章を極めし者の「称号」。そこには「どれだけ困難な道に立たされていても己の魂だけは常に王であれ（king and soul）」という意味が込められています。

そう、文章を書きたいと決意したあなたは、すでに「王の魂」を持っている。kansouになるにふさわしい資格を手にしているのです。

そして最終的には、あなたに「kansou」を継いでもらいたい。

私はもうkansouをやめたいのです。もう文章なんて、感想なんて書きたくない。コスパめっちゃ悪い。

誰か、誰か俺を止めてくれ。

第1章

「文章力」の正体

「文章力」は文章を書かない人間が作り上げた幻想

文章とは書く前から書いている

第2章

「言語化」
気持ちや感動を言葉にする

第3章

「感情」を制するものは文章を制する

第4章 「刺す文章」を書く

第5章 「構成」で読者の目を集める

ブックデザイン――三森健太（JUNGLE）
装画――坪本幸樹
DTP――アルファヴィル
校正――ペーパーハウス
324ページ画像提供――株式会社マーナ
編集――尾澤佑紀（サンマーク出版）

"BUNSHOURYOKU"NO SHOUTAI

第 1 章

「文章力」の正体

文章力
＝
文章について
本気出して考えた
時間の量

「文章を書く」と決めた時点で全員文豪、いや「文王」

好きなものが得意なものとは限りません。

例えば、私は強靭な肉体と鋼の精神力と人間離れした知性を持っていますが、「歌唱力」だけは全くありません。死ぬほど歌が下手です。カラオケの採点で、他の人間共が歌うと、

「神業のようなロングトーンです！」

「透明感のある歌声ですね！」

「一つひとつの音が生き生きと聴こえてきます！」

「安定感、ビブラート、声の響き、全てが完璧！」

「もしかしてプロの方ですか？」

と、「採点キャバクラ？」かと思うくらい褒め殺しているのに、私だけはどれだけ原曲を聴き込んで歌っても、

「アレンジが目立ちます。まずは基本のメロディをしっかりと覚えましょう」

「高音と低音があまり出ていないようです。もう少しやさしい曲にトライしてみては」

などと訴えたら勝てるレベルの罵倒をされ、しまいには一緒に行った人間から「あれ～？　この曲好きって言ってたけど、実はあんまり知らないでしょ？」と煽られ、血の涙を流しています。私は音楽のことを誰よりも愛してるのに、音楽は私のことを愛してくれていない。

野球が好きな人間が全員ホームラン打てるわけじゃないですし、お笑いが好きな人間が全員面白いわけじゃないですし、漫画が好きな人間が全員絵が上手

いわけじゃないですし、格闘技が好きな人間が全員タトゥーのマッチョではありません。エロいのにセックスできない童貞は死ぬほどいます。

これと同じで、**文章が好きで文章を書きたいと思っても、文章が上手く書けるとは限りません。**

「長い文章が書けないんですが……」
「文章力ってどうすれば上がりますか……？」
「ブログのアクセスが全然ないんですが、どうすればいいですか……？」
「語彙力がなくて……」

不安でしょう。わかります。でも、安心してください。切り抜き違法ショート動画ばかり見て、文章なんか誰も読まない修羅の時代に「書く」という選択をしたあなたは文豪、いや文字の王「文王」と名乗っていい。

しかも、１４０字のポストですら「ダルい」と思われてイヤな顔をされるのに、それ以上の長文を書こうとしている。もはや正気の沙汰ではありません。

もっと自分の異常性に自信を持ってください。あなたはもうすでにこの戦いに勝利しています。そしてもうひとつ、知っておいてほしいことがあります。

〝人はみずからのなかに混沌を持っていなくてはならない、舞踏《ダンス》する星を産むことができるためには。〟

これはドイツの哲学者フリードリヒ・ニーチェ（1844〜1900年）の言葉です。自身の中に混沌を抱えた人間こそ、その混沌とした状況を乗り越えて新しく輝く価値を生み出すことができるのだと、ニーチェは言っています。

「文章力がある」とされている人間はなんの苦悩もなくスラスラと文章を書いていると思っていませんか？　そんなことはありません。noteの人気エッセイストや、SNSでバズを量産するエモ文章を書いている人ほど、**頭の中で死ぬほど考えてから書いて、推敲して、どの時間帯に投稿すれば読まれるかまで計算している**ことでしょう。

人生のライフイベントにおいて「美容院」が一番の地獄。

あたかも「いやなんも考えてないですけど人気出ちゃって……」とセンスで書いてるように見せる能力が高いだけで、誰しもが「書けない……死のうかな」と悩み、枕を濡らす夜はあるのです。

私は文章の9割を感覚だけで書いていますが、残りの1割では何度も計算・推敲を重ね、論理的に文章を組み立てています。

例えば、「美容院が嫌だ」という内容の文章を書いたときはこのように考えました。

美容院というか「髪を切る」という強制定期イベントが昔から嫌で、「謎のプロペラが回る木目調の店内にボサノバメロディのカッスカスボイスの女が歌うJ-POPカバー曲のかかるこじゃれた美容院」①に行っては、自分じゃ確実にセットできないハチャメチャな髪型にされて毎回死にたくなる。５０００円払ってなんじゃこれ？

俺の伝え方が下手糞すぎるのは百億も承知で暴論言いますけど、満足のいくような仕上がりにしてもらったことが、ただの一度もない。この世に一人もいないだろ髪切ってもらって１００パー満足いってる人間。

最近じゃもう諦めて「全体的に2センチくらい切って下さい」って言うんですけど、落ちた髪の毛を眺めていつも思うのが「お前らの2センチ長くねえ…？」ってことなんですよ。トトロが毛刈られたんかっていうくらいとんでもない毛の量落ちてるじゃないですか。絶対こっちの世界の2センチと美容師の世界の2センチ違うだろ。てゆうか自分の目視を信じすぎだろあいつら。ちゃんと定規使えよ。数学教師が使ってるあのバカデカい三角定規使って測れよ。

そもそも美容「院」なのか美容「室」なのかどっちだよ。めんどくさいから院派と室派に分かれてバトルロワイヤルやってどっちか今すぐ決めろ。しかもあいつら「自分はコミュニケーションのスペシャリストです」みたいな顔してくるのタチ悪すぎるんだよ。初対面でやたら明るい奴と、久しぶりに連絡してきた同級生ほど信用できない人間いねぇだろ。全員宗教かマルチ商法。

恐ろしいのが、あんな陽気にどうでもいいこと喋りながら爽やかな顔して明らかに「耳狙い」にきてる奴いるじゃないですか。お前2ミリ先に器官あんだぞ？　よくそんな高速斬撃できるな？　容赦なさすぎだろ。なんだそのメンタル？　鬼舞辻無惨②か？　どうにかしてくれ炭治郎。

あと「髪を梳《す》く」ってよくわかんねぇ行為あるけどよ、アレは…シンプルに…なに…？　すく？　今まで百回以上髪切ってもらってるけど「梳く」に関しての説明受けたこと一回もないんですけど…？　えっ、もしかして「かみをすく」って美容用語とかそういうんじゃなくて

「神を好いていく」

っていう宗教的なアレか…？　やっぱ宗教誘ってんじゃねぇかよ。

しかも、あいつら毎回のように切り終わったあとに鏡を開いて「どうですかぁ～？（ドヤァ）」って見せてくるじゃないですか。なに？　あの世界一謎の時間？　いきなり自分の後頭部見せられてどうすりゃいいの？　いやどうもこうもねぇよ。「だ…だいじょぶです…」しか言ったことねぇよ。

仮に俺が「切りすぎなんで戻して下さい」つったら戻してくれんの？　宗教入ったら叶います？　御札とかここで買えます？

「軽くなりましたね〜」って、頭軽いかもしれねぇけど心死ぬほど重たいんだよバカ。そしてその「すく」という行為のお陰でいつも家に帰って鏡を覗くと「頭ちっちゃ！！　髪少な！！！　は？!??　なにこれ!?!??」って髪と一緒に精神切断させられてるからな。ゴッドイーター③かお前？　いっそ僕の魂も消滅させてくれませんか…？

いいです、いいです。はじめに言ったとおり僕が2兆パーセント悪いんです。もうTOKIO④みたいにずっと頭にタオル巻いときます。「素人は黙っとれ」ってことですよね。ほんとすいませんでした。

ただ、ちょっとこういう話するとコミュ強もといコミュ狂のお前らは、

「上手に自分の希望を伝えられないんだったらカッコイイと思った髪型の芸能人の写真やヘアカタログを見せたりすればいい」

とかそれが最適解みたいに言いますけど、そんな彼女にスマホでAV見せて「今日こんな感じでやってくれない…?」みたいな行為⑤できるかよ。美容院じゃなくて病院行けって言われる⑥だろ。

――kansou「美容院が嫌すぎて髪生やすのやめたい」より

私が文章を書く上で大切にしているのは「構成」です。自分なりに書きやすいパターンを作り、それに感情を当てはめていく。

構成の一例

「広いあるある」↓「極端な暴論」↓「極端な偏見」↓「固有名詞を使った狭いたとえ」↓「下ネタ」↓「ダジャレ」

最初は、共感性の高い「広いあるある」で自分の主張にある程度説得力を持たせつつ、極端な「暴論」と「偏見」を絶え間なく繰り返すことで狂気を演出し、「固有名詞を使った狭いたとえ」でグッと読者を引き込み、最後は「下ネタ」と「ダジャレ」で、「これはあくまで大ふざけ文章である」とわからせる。

美容院の文章であればまず、

謎のプロペラが回る木目調の店内にボサノバメロディのカッスカスボイスの女が歌うJ-POPカバー曲のかかるこじゃれた美容院①

と、漠然とした美容院のイメージを持たせ、多くの人が陥りやすいであろう

「満足のいくような仕上がりにしてもらったことがない」「注文した長さよりも切られすぎた」という「広いあるある」を混ぜることで共感を呼びます。

次に、極端な「暴論」と「偏見」で勢いをつけます。

ここで大事なのは**「中途半端なことは書かない」**ことです。キレるならキレる、ふざけるならふざける。ここが中途半端になってしまうと「文章速度」が格段に落ちてしまいます。

そして、鬼舞辻無惨②、ゴッドイーター③、TOKIO④と「固有名詞を使った狭いたとえ」を混ぜることで特定の深い層にまで刺さるように意識します。

最後は彼女にスマホでAV見せて「今日こんな感じでやってくれない…?」みたいな行為⑤、美容院じゃなくて病院行けって言われる⑥と、落として終わります。「この文章はむしろこれが書きたいだけ」と言っても過言ではありません。オチから文章を考えることで、文章全体が昆布締めのようにキュッと締まるのです。

この書き方が正解だ！　とかそんな話ではありません。「こんな気持ちの悪い文章を書くのにもこれだけ考えている」ということをあなたに知ってほしかった。

私が敬愛するポルノグラフィティの曲に『幸せについて本気出して考えてみた』がありますが、**「文章力」とはすなわち「文章について本気出して考えた時間の量」。**どれだけ文章を愛し、文章に愛されるか。

本書では、あなたが「愛おしい」と思える文章を書くためのお手伝いをしたい。さあ、やっていきましょう。

「誰が書いたか」より
「何を書いたか」

現代社会は誰が書いたか至上主義

現代社会は「何を書いたか（言ったか）」よりも「誰が書いたか（言ったか）」が重要とされています。

SNSでは有名人やアニメキャラクターの画像に痛快な言葉や面白い言葉を勝手に言わせる遊びが定期的に流行します。あれも結局は、何者でもない自分が何を言っても誰の心にも響かないけど、有名人やキャラクター、つまり自分以外の「フィルター」を通すことで説得力や面白さが増す**「誰が書いたか至上主義」**の犠牲と言っても過言ではありません。

その最たる例が、『クレヨンしんちゃん』に登場する「野原ひろし」です。

主人公・野原しんのすけと野原ひまわりの父であり、野原みさえの夫。「たまひよ 理想のパパランキング（アニメ漫画部門）」では2021～2023年で3年連続1位を獲得するなど、圧倒的な人気を誇るキャラクターです。

以前、「野原ひろしが理想のタイプ」だと言う女性と話をする機会がありました。彼女は本当にひろしが大好きで、芸能人の不倫に対して

「最低。クズ。ひろしを見習ってほしい！」

「結婚するなら絶対にひろしみたいな人が良い！」

と激怒するほどでした。

彼女は、YouTubeやTikTokに流れている「野原ひろしの名言集」をよく見て感動しているらしく、特に好きだと言っていたのが

「しんのすけ！　命が大切なんじゃない！　お前が大切なんだ！」

「いいか、しんのすけ。一緒にいて落ち着くとか話していて楽しいとか、そ

ういう普通のことが一番大事だったりするんだぞ」

というセリフでした。ひろしがどれだけ家族を大事に想ってるか、愛してるかを、ものすごい熱量で私に語ってくれました。

「本当にひろしってスゴイ……！　こんなに子供も奥さんも愛してる人っていない……男全員ひろしだったら良いのに……！」

と涙ぐむ彼女の姿を見て、私も思わず涙腺が緩みました。そして、こう思いました。

ああ、この人は本当にひろしが好きなんだなぁ……教えてくれたセリフ、どれも良いセリフだなぁ……すごいなぁ、

ひろし、言ってねぇのになぁ。

人間が過ちを犯すたびに野原ひろしは「神」になる

しんのすけに「命が大切なんじゃない！　お前が大切なんだ！」とか「一緒にいて落ち着くとか話していて楽しいとか、そういう普通のことが一番大事だったりするんだぞ」なんて、漫画でもアニメでも、ただの一度も、ひろし言ってねぇのになぁって……。

「怖……」って思って……。

どこから出てきたかもわからない言葉を「ひろしの名言」としてすごく語ってきて……でも具体的なこと一切言わなくて……ひろしがいつの放送または連載のどのタイミングで誰にどういうシチュエーションでその名言を言ったのか、

全然出てこなくて、ひたすら「スゴい」「カッコいい」ってフワッとした褒め方しかしてなくて……。

だってひろし言ってないから……それ……ひろしのセリフじゃないから……それなのにこの熱量で「野原ひろし」のこと語れる人すごい……すごく怖いって……なって……。

しかも、その「野原ひろし名言集」で紹介されてる言葉は他に何十個とあるのですが、

● いいか、しんのすけ。いつか無くなるものを求めちゃだめなんだ。無くなるものは、求めるためではなく、そいつで遊ぶために、この世にあるんだから。
● しんのすけ。運命みたいなものをさ、「これでいいのだ」って思うか？　それとも「これでいいのか？」って疑うか？
● いいか、しんのすけ。夢は逃げない。逃げるのはいつも自分だ。

◎しんのすけ。「会社で働く」「家族サービス」「両方」やらなくっちゃあならないってのが「父親」のつらいところだな。

◎いいか、しんのすけ。正義の反対は悪なんかじゃないんだ。正義の反対は「また別の正義」なんだよ。

……全部ひろし言ってなくて……でもコメントを読むと「感動した」「泣ける」「ひろし最高」って言ってる人がいて……もはやひろしは「虚像」と化して……。

「彼氏に、旦那にこんなこと言ってほしい!」「こんな男になりたい!」という願望が、八百万《やおよろず》のひろしに言ってないセリフを言わせ、してない行動を取らせて、各々が思う「理想のひろし」が作り上げられていました。ひろしは、いちアニメキャラを超えた「神」や「仏」の域に達していたのです。

……ただ、そういう光景を目にするたび「ひろしガチ勢」の私はハラワタが煮えくり返りました。「なにお前の意見を正当化するために野原ひろし使ってんだ」と。他の人間を下げるためにひろしを持ち上げるな。ひろしはお前が気持ち良くなるための道具ではない。

いいか、ひろしは美人を見れば妻の前だろうが鼻の下のばして口説こうとするし、会社の若い女との浮気願望もある。育児に関しては放任主義で家事もロクにしない。足は臭い。そんなだらしなくて頼りない平凡な男だ。でも、いざというときには大事なものを見失わず強くて優しい言葉を投げかけられるのが野原ひろしだ。

決して完璧な人間なんかじゃない。聖人君子じゃない。良くも悪くも「ただのサラリーマン」であり、「ただの父親」なんだよ。特別なことはない。みさえが、しんのすけが、ひまわりが、シロがいるからこそ、「野原ひろし」は成り立つんだよ。そんなこともわからないで「野原ひろしが理想のタイプ」？　笑わせるな。勝手にひろしを持ち上げて、捏造して神格化するな、と……。

……この話は、文章を書く人間にとって決して無視できる話ではありません。**我々言葉を紡ぐ〝つむぎびと〟にとって最優先すべきは絶対に「何を書いたか」。**「誰が書いたか」は素晴らしい文章があって後から付いてくるものでなくてはなりません。

「誰が書いたか」で素晴らしさが決まるなら、全ての文章は総フォロワー数という謎の指標で活動するインフルエンサーが書いたことにすれば、アクセスも売上も伸びるでしょう。私はそんな世界は地獄だと思っています。

「名もなき者の叫び」がたくさんの人に読まれる世界であってほしい、と私は願っています。

私の心の中のひろしもこう言っていました。

「いいか、しんのすけ。たしかに文字の上では全てが真実になる。だがな、書いてあるものだけが全てじゃない。書いてないものこそを読め。そこに隠された本当の真実がある」

って。さすがひろし……。

「文章力」は文章を書かない人間が作り上げた幻想

伝説のメールが証明した「バカなのに記憶に残る文章」

「文章力」とは「文章について本気出して考えた時間の量」と定義しました。

しかし、インターネットで「文章力とは」と検索すると、次のような文章が出てきます。

文章力は、適切な言葉やフレーズを選び、自らの意図を他者に正しく伝達する能力を意味します。ひとつの技術を磨くだけでは、文章力は高められません。

表現の豊かさや語彙力、論理的に考える力、理解力など、多様なスキルを養う必要があります。

は？

適切な言葉？　フレーズ？　意図？　語彙力？　あえて言わせていただきたい。「しゃらくせぇ」と。

それが「良い文章」なのか「悪い文章」なのかは、他人が決めること。**どれだけ支離滅裂でも、人の心を打つ文章は存在する**のです。

ひとつ例を紹介しましょう。

2009年8月18日放送のTBSラジオ『火曜JUNK 爆笑問題カーボーイ』内のリスナーから怖い話を送ってもらうコーナー「納涼 いろんな怖い話」にて、こんなメールが読まれていました。
以下、原文ママ。

その頃、僕は小学3年生だったと思います。
当時、小学生だった僕にはとても苦手なことがありました。
それは登下校です。
朝の登校はまだよいのですが、夜の下校となると、本当に毎日が憂鬱でした。
それの原因は、とあるトンネルにあります。

僕の幼少期に住んでいた街は、戦後から街の形がそのまま残っており、ところどころにノスタルジックな雰囲気が漂っていました。

ところが、ノスタルジックと言えば聞こえは良いのですが、当初としては、どう考えてもホラー映画の撮影に使われそうな環境で遊んでいた僕には、その環境は幽霊という物体を想像せざるを得ず、毎日夕刻以降になると、おばけとの戦いでした。

その代表場所が下校時のトンネルだったのです。

僕の苦手なそれは、上に線路が張ってあり高架下トンネルとして機能していました。

そして、薄暗く、小刻みに振動音のするトンネルの途中には小さなお墓が立っていて、それが僕に見えない想像を働きかけていたのです。

もしかしたらここで、作業中死んだ人がいるのかもしれない。

通行者が刺されて死んだのかもしれない。

そもそも、呪縛霊的ななにかかもしれない。

そんな想像をしていた僕は、その想像に打ち勝つためにそこの場所を通るたびに、ある行動をしていました。

それは空手の型をしながら通ることです。

当時、空手を習っていたいじめられっ子の僕は「幽霊に勝つには暴力しかない」と判断したようで、外から見ると明らかに奇妙な動きとして、そのトンネルを前進していました。

もちろん掛け声を大声で言うと恥ずかしかったので、小声で
「セイッ！　セイッ！　エイッ！　セイッ！　どっかいけ！　オラッ！」

と、ぶつぶつ唱えていました。

もう察されていると思うのですが、僕はこの姿を友人に見られていました。その後、僕がトンネルで幽霊に取り憑かれたという噂になり、学校で化け物扱いされたことは言うまでもありません。必死の抵抗も虚しく、女子からは幽霊菌なるものまで創作され、僕の小学校時代は黒歴史の濃い一幕となりました。

ちなみに、そのときに使った言い訳は、サッカーの練習をしていたんだという言い訳だったと思います。ああ、人間が怖い。

――2009年8月18日放送TBSラジオ『火曜JUNK 爆笑問題カーボーイ』「納涼 いろんな怖い話」より

何言ってんだこいつ……。

要約すると、小学生時代の下校時に通っていた高架下の薄暗いトンネルが怖かったので、「幽霊に勝つには暴力」だと空手の型をしながら下校していたが、それを同級生に見られてしまい、あいつは「幽霊に取り憑かれた」と噂を流され、女子からは「幽霊菌」がつくと嫌われた。

ただそれだけの話をなぜここまで回りくどく書けるのか。

冒頭から「小学3年生だったと思います」と書いておいて、すぐに「小学生だった僕には」「僕の幼少期に住んでいた街は」と無駄な自己紹介を繰り返すところから始まり、「代表場所」「想像を働きかけていたのです」「もう察されている」「言うまでもあります」など、言い回し、言葉、表現、全てが滅茶苦茶。

それなのに独特な世界観に引きずり込まれてしまう、とんでもなく面白い文章です。

爆笑問題・太田光も「ほんと下手くそだな文章が」「すごいバカだからお前！頭良さげに書いてるけど！」「ちょっと水飲ませてくれ……」「お前が一番怖い……」とツッコミながらも、涙を流すほど笑っていました。この投稿は今もリスナーの間で「伝説」として語り継がれています。

「文章を極める」とは「文章を捨てる」こと

文章には正解などありません。あるのは「文章を書いたかどうか」という事実のみ。

「文章を書く」とはつまるところ、椅子に座り目の前にある紙なりパソコンなりスマホなりに向かって思うがままに手を動かす。たったそれだけのこと。

やればチンパンジーでも書けるのが、文章です。

アメリカのロックバンドNirvanaのフロントマンであるカート・コバーンは言いました。

〝ロックの歌詞は聞き取れなくていい〟

魂から出た言葉は、意味がわかる必要すらないのです。

もうひとつ例を紹介しましょう。

次のページの文章をご覧ください。

ウッホホ、ウッホホウホ。

ウホーホウホホウホホウホウホホホホウッホ、ウホホウッホホウホホホホウホホホウンホホ。ウホホ、ウホホホウッホホウホホウホ。ウホホホ、ウホッホホ、ウホウホウホホウッホホウホウホホウホホホウンホホホ、ウッホウホホウホホホホウホホウホホウホウウホホウホ。ウホホ、ウホウホホウホウッホホウホホウホホ。ウホホホホホウッホホウホホウホホホ、ウホホホウッホ、ウンホホウホホホウホホホホウホウホウウホホ？

『ウホ』ホ、ウッホホウホホウホホウホウッホウホホホ、ウッホホウッホホウホウッホウッホ、ウッホウッホホウホウホ。ウホ！　ウッホウホウホウホウッホホウホホ！　ウホホ、ウホホウホホウホホウホ。

kansou「ウホウホウッホホウホホウホ」より

これは私がブログ内で100万以上ものアクセスを叩き出した記事の一節です。この記事に寄せられたコメントの一部を紹介します。

● 勉強になる。
● 読める！　読めるぞォ！
● あーなるほどねー。丁寧な説明ですごくよくわかったわー。
● ちがう。何もわかっていないニワカの寝言。瞑想するべき。
● ウンホホウホウ＝ウンホホウホは文化放送・進化方向などみたい？「ウー

ホ」は「ピーク」だろうね。

◎あー、わかる。自分も昔爪爪をウホウホウホホホンホだったし。精神的に辛かった。でも先輩にウホンホッホって言われてからちょっとウホーホ。

◎高齢ゴリラの年金生活を少子化の若者ゴリラが支えてるのは人間社会と同じなんだなーとしみじみ思った。

もはや意味どころか、言葉も必要ない。それなのに、読んだ全員がこの文章を完全に「心で理解している」。たとえゴリラであっても、意識を覚醒させ、「読ませる」。**「文章を極める」とは「文章を捨てる」ことと同義**なのです。

「文章」には正解もルールもない。「ぼくのかんがえたさいきょうのぶんしょう」があるのなら、それが正解です。

上手い文章の書き方？　そんなもん知らん。好きにやれ。ウホウホホホウホウッホホホホウホホッウホッウッホホウホウホッ。

文章とは書く前から書いている

どんな言葉でも輝ける場所がある

私は、文章を書いていない状態でも常に文章を書いています。

どういうことか。

「面白い」と思った言葉を耳にしたり、ヒネりの効いた言い回しを思いつい
たりしたら、すぐにその言葉をメモし、なぜ面白かったかを考え、会話などで
繰り返し使うことで、いつでも脳から引き出せるようにしているのです。

言葉を自分の脳に定着させるためには、

1 知覚…刺激に対して意味づけを行う
2 作業記憶…必要な情報を記憶から取り出して情報を一時的に保つ
3 長期記憶…永続的かつ無限に情報を保持する

という3つの過程を踏む必要があります。

そうして蓄積した言葉はその瞬間はなんの役にも立たなくても、後に当てはまる瞬間が必ず来ます。

例文をひとつ紹介しましょう。2018年に、私が音楽番組『ミュージックステーション』の最近の体たらくっぷりについて書いた文章があります。

チャットモンチーが最後のテレビ出演だっていうんで、ミュージックステーション観てたんですけど彼女たちが出るまでの時間、ただの地獄。逆シャングリラ①。

そもそも数年前からMステちょっとバグってて、明らかにどっかの劇団から連れてきましたみたいなインチキ臭いガキに昔流行ったMV観せて「こんなカッコイイ曲聴いたことないです！」「歌うますぎ！　ヤバイ！」とか言わせるコーナーあってそれでも相当キツかったのに、最近はもう糞企画ここに極まれり！　とうとうめでたく出演者が曲やってる時間よりガキのVTRのほうが長くなりました。VTR中タモさんサングラスの下で100パーご就寝されてるだろ。タモさんほど子供に興味ない人いないいんだから。

前半はその名残か知らんけど、街歩いてるガキとっ捕まえて『お父さんお母さんの影響で好きになった曲』インタビューして回ってて、

子供「いつもお父さんの車の中で流れてて好きになって〜」
ナレーション「父がいつも車で流している名曲とはっ…？」
子供「え〜恥ずかしい〜〜…たぁ〜〜〜ての糸はあなたぁ〜〜〜〜、よぉ〜

〜〜〜この糸はわたしぃ〜〜〜〜」
ナレ「中島みゆきっ…『糸』ぉっ……」

いやいやいやいや！　いい！　歌わなくていいから！　やめろバカ！　仮にもプロが集う歌番組でへっぽこカラオケ大会聴かされるとかなんの拷問？　ナレも無駄に良い声で「糸ぉっ…」じゃねぇんだよ。

子供「お父さんなんでこの曲好きなの？」
父親「いやぁ…歌詞が良くて」

知らん知らん！　知らん親子の思い出の曲とかマジで知りたくないから！　歌詞が良くて？　エピソード薄！！！？？　わざわざ電話かけさせる意味？？　しかも無駄に集計して3位から発表してくれてますけど、なんだこの世界一どうでもいいランキング。まさかランク王国の「渋谷の女性300人に聞いた今使ってるハミガキ粉ランキング」よりどうでもいいランキングがこの世にあるとは思わなかったわ。そんなランキングつけなくていいからせめて週間シングルランキングやってくれよ。大阪のガキが親から影響受けた曲の1位がドリカムの大阪LOVERだったからなんだっつーんだよ。スウェットで駅まで迎えに行ってろ。ワイプの出演者の顔見てみろよ、完全に目が死んでるじゃねぇかよ、全員ずっと泥食ったみたいな顔してるからな。表情筋の妖怪WANIMA②ですら真顔、ロングフリーズしてんじゃねぇかよ。

だがこんなもんはまだ地獄の入り口、後半は「出演者の有名曲に合わせてどこぞの高校ダンス部がオリジナルダンス踊る」っていう腐った煮え湯みたいな企画で、例えばV6の『MUSIC FOR THE PEOPLE』で揃ってんだか揃ってねぇんだかわかんねぇやたら人数多くてバタバタしたダンス見せられるんですけど、生とかでやってんならまだしもバリバリ別撮りで、ワンカットごとにグラウンドで踊ってたり渡り廊下で踊ってたりするからテンポ悪くて1ミリも凄さ伝わってこねぇし、実際こんなもんミスしても編集でどうにかなるし、そもそも振付こいつらのオリジナルだから合ってようが間違ってようがわかんねぇし

「ああ、そういう踊りなんだな」としか思えねぇしやる意味あるこれ？

それでVTR終わりのスタジオでタモさんに

「…で、どうだった三宅…？」

って振られるV6を俺はどんな顔して見てりゃいいんだよ？　しかも三宅も三宅で良い奴だから、

「いやー、すごかったですね…泣きそうになりました」

とか言うんだけど、目ぇカラッカラだったたから。ドライアイの見本みたいな目しやがって。森田に関しては完全にヒメアノ～ル③。

（中略）

目ぇ覚ましてくれよ…夢を追いかけるミュージシャンたちの音楽の終着駅、それが『ミュージックステーション』だったはずだろ…？

――kansou「Mステの知らねぇ高校生がダンスするコーナーどういう気持ちで見りゃいいんだよ」より

この文章の中に出てくる逆シャングリラ①、表情筋の妖怪WANIMA②、森田に関しては完全にヒメアノ〜ル③の3つのフレーズですが、実はこの文章を書く数年前からメモしていたものだったのです。

1つ目の「逆シャングリラ」は、チャットモンチーの代表曲『シャングリラ』

から本来の意味である「理想郷」の逆、つまり「地獄」という意味で普段から愛用しているフレーズでした。

2つ目の「表情筋の妖怪WANIMA」は、彼らを初めて見たときの人間離れした表情の豊かさに衝撃を受け、思わず「妖怪か？」と思ってメモしたフレーズです。

3つ目の「森田に関しては完全にヒメアノ〜ル」は、主演を務めたV6・森田剛のあまりのサイコパスぶりが話題となった映画『ヒメアノ〜ル』を観て、「森田剛＝ヒメアノ〜ル」とメモしていたところから着想を得たフレーズです。

それが、この日のミュージックステーションでチャットモンチー、WANIMA、V6の3組が揃う奇跡が起きたのです。

結果として、3つのフレーズは記事における良いスパイスとなり、2・3万リポスト、3・5万いいねの大きな反響がありました。

このように、**どんな言葉でも必ず輝ける場所があります。**

どうか、あなたの心の中から生まれた言葉を大切にしまっておいてください。そう、文章は書く前から書いているのです。

あなたも思いついた言葉やフレーズをどんどん書き留め、言葉にしてほしい。日本語的におかしくても、意味がわからなくても構いません。文章を書き続けていれば絶対にそれが輝くときが来ます。

最後に、私のメモにある「まだ世に出ていない言葉」を公開したいと思います。なぜこれを公開するのか。それは文章になる前の言葉が文章になる様子を見届けてほしいからです。

私の脳内にあった言葉の粒が、いつか文章となり、大空に羽ばたいていく様をあなたにも見届けてほしい。どこかで会えますように。

すべてのメモ

・逆にもう山﨑賢人を漫画化しろ
・なんか時間経つごとに痛くなってくるんだけど、これポケモンのどくどく？
・「来てください」じゃねぇよ何.Y.Parkだよ
・「猫になったんだよな君は」で会話終わらせてる
・好きな子が「声優の顔ファン」で縁切った
・「世界に光が満ちた」を体現したアゲハ蝶の擬人化
・育児エッセイ漫画全部嘘
・Diggy-MO'みたいな声で鳴く猫いた
・息子の宿題でバズってる奴くらい信用できない
・韓国歌手全員コンディション良いときのＤＪ松永
・佐藤栞里に耳元で「壁クリアです…」って囁かれたい
・大嫌い大嫌い大嫌い、大嫌いが３回続いたらそれはもう大好き
・ガチンコファイトクラブのときの国分と長瀬くらい他人事
・セーラームーンに代わってお仕置きしてほしい
・堂本剛よりも正直しんどい
・甥っ子に「成長早いな〜」って言ったら「大人成長遅いね」って言われた
・鬼塚に破壊された家の壁です
・胸ポケットにアクスタ入れるな南くんの恋人か？
・今でも洞窟の中で蔵馬と戦ってる戸愚呂兄
・２回攻撃すんなキラーマシンか
・ちんぽの「んぽ」って響きかわいくない？
・涼しすぎるだろ銀行かよ
・おふくろの味って言ってカントリーマアム食うな
・かわいいファンアートにされたおじさん有名人
・グルーポンのスカスカのおせちを忘れない委員会
・AV見て興奮しすぎて冒頭のインタビューで果てた
・BLEACHとか好きそうってほぼ悪口だろ
・業務用なみのコスパの良さ
・ソースどうせXだろ
・SEKAI NO OWARIのピエロって中身入れ替わってるらしい
・安倍晴明みたいな指の動きするな
・ミスiDに出れるって悪口だろ
・コメディーお江戸でござる観てたやつ俺以外いない
・俺がカラオケマシーンなら１００点
・10年太ももやってるけど、良いショーパンですね
・俺以外全員かわいい
・加山雄三の船ってまだ燃えてるんですか？
・目合った奴に無差別に声掛けるとかポケモントレーナーかよ
・ケミストリーは川畑っぽいやつが堂珍、堂珍っぽいやつが川畑
・ラブストーリーくらい突然
・プーさんのモノマネくらいしつこい

書けないときの合法ドラッグ「他人の文章を読んで自己肯定感をドーピングする」

また、どうしても文章が書けないときや、自分の文章に自信がなくなったときは**「他人の文章を読む」**という手もあります。

ヒップホップユニットCreepy NutsのＤＪ松永氏は、「自信がなくなったときは、下手なＤＪの動画を観て勇気をもらっている」と自身のラジオ『Creepy Nutsのオールナイトニッポン０（ＺＥＲＯ）』で語っていました。

この行為は端から見れば最低ですが、最初の一歩を踏み出す方法としてとても有用だと思っています。

ぜひ、メディアプラットフォーム「note」を開き、あなたが書きたい内容を検索してみてください。そこにはあなたの燃料となる文章がわんさか転がっています。

自分が思う「つまらない文章」をあえて読むことで、「こいつよりはマシだろ」「これだったら俺のほうが面白い文章書けるな」という根拠のない自信に繋がるでしょう。

逆に「面白い文章」を見るのは「俺より強い奴に会いに行く」ストリートファイターメンタルを持っている人にはおすすめですが、「自分に面白いものが書けるかわからないけど、文章を書いてみたいしみんなに読んでもらいたい」くらいの承認欲求ビギナーにとっては完全に諸刃の剣です。

高校でスマブラ（大乱闘スマッシュブラザーズ）に誰よりも自信のあったジュンヤが、街のゲーム大会に出場して知らん中学生にボコボコにされたように、文章の世界も上を見ればキリがありません。

何より腹立つのが、**文章には「比べる指標」がない**というところです。スマブラのような対戦ゲームであれば明確に「勝ち負け」が存在しますが、文章の面白い・つまらないはどこまでいっても「主観」でしかありません。

しかも本やネットで文章を公開すると、面白い・つまらないとは別軸で「アクセス数」がつきまとってくる。多くの人間が支持しているものに価値を感じる心の働きを「バンドワゴン効果」というのですが、つまらない文章でも、数としてたくさん読まれているものがあれば「面白いのかも」と思ってしまいます。こうなると、「どれだけ書いても読まれないいんだから意味がない」「どうせあいつのほうが読まれる」と自己嫌悪に陥ること間違いなしです。

実際、「つまらない文章を読む」も「面白い文章を読む」も「健全」ではないです。確実に精神に異常をきたすので、文章を書きたいと思ったらまずネットをやめましょう。

"GENGOKA" KIMOCHI YA KANDOU WO KOTOBA NI SURU

第2章

「言語化」気持ちや感動を言葉にする

自分の中に「イマジナリー秋元康」を飼え

秋元康とはブレーキのない改造車

文章というのは、つまるところ**「キモさの見せ合い」**です。誰がよりキモい文章を書けるかの勝負。文章を書く人間にとってキモさとは「強さ」。その戦いを制するため、私は自分の中に「イマジナリー秋元康」を飼っています。

秋元康ほど「言葉」を自在に操れる人間はいない。
あの男は何がすごいのか。それは**「キモさのリミッターが解除されている」**の一点に尽きます。銀河ギリギリ!! ぶっちぎりのキモい奴が秋元康なのです。

作詞に限らず、人は文章を書くときに「ここのフレーズダサいかな……」「ちょっと押しつけがましいかな……」「これはさすがに気持ち悪いだろ……」と無意識に「良い方」を選んでいます。

好き勝手に書いているようでいて、実は使える言葉は限られており、どこかで絶対にブレーキがかかってしまう。

しかし、秋元康は違います。**完全にブレーキがブッ壊れている。いや、ブレーキなど最初からついていない。**秋元康とは改造車。他の作詞家が速度を落とし、左ペダルを踏みながら慎重にカーブを曲がっているのに、秋元康だけは歩道に乗り上げて右ペダルに全体重を乗せて真っ直ぐ突っ切ってくるのです。

1985年に発売された秋元康作詞の代表作、おニャン子クラブの『セーラー服を脱がさないで』の「友達より早くエッチをしたいけどキスから先に進めない臆病すぎるの 週刊誌みたいなエッチをしたいけど全てをあげてしまうのはもったいないから(もったいないからもったいないからもったいないから)あげない」の衝撃は発売から約40年経った今でも語り草になっていますが、そのキモさはまだまだ衰えることを知りません。近年の秋元康作詞作から、まずは2作紹介します。

たぶん　好き　好き　好きよ
きっと　どんどん　虜になる
男の子は先を急ぎ過ぎ
たぶん　好き　好き　好きよ
もっと　ゆっくり進みましょう
甘噛みして　2人　じゃれあって
犬のしつけみたいに
ハウス！

——乃木坂46『ハウス！』（2012年）

君のその仕草に萌えちゃって
あっという間に虜になった
静電気みたいにほんの一瞬で
ビリビリしたよ
何もなかったようにさりげなく
遠い場所から見守っていよう
そんな思いさえ気づいていない
余計に君を抱きしめたくなった
キュンキュンキュン　キュンしちゃった
キュンキュンキュン　キュンしちゃった
I just fall in love with you
キュンキュンキュン愛しい　キュンキュンキュン愛しい

You know, I can't stop loving you

――日向坂46『キュン』(2019年)

どう考えても齢60を超えた初老男性が書く歌詞ではありません。本当に秋元康が書いているのか疑うレベル。

曲を聴くたびに「たのむ、たのむからゴーストライターであってくれ……女の子が書いていてくれ……」と心から願ってしまいます。

秋元康が生んだ最凶の曲
『口移しのチョコレート』

私が初めて耳にしたとき、そのキモさに鳥肌が立ちすぎて一羽の鳥になり大空に飛び立った歌詞があります。

それが2013年にリリースされたAKB48柏木由紀のソロ楽曲『口移しのチョコレート』です。1番の歌詞をご覧ください。

チョコレート　口移しして

いつものキスじゃつまんないよ
強引にねじ込んで…
チョコレート　舌で溶かして
あなたの愛を舐めたいの
唇をはみ出して…
ヤラシイ音を立てる
人目を気にしないで　私たちの
自由でしょ?
誰かに見られてると　もっと
大胆になれる
オープンカフェの真ん中
あなたの膝によじ登って
「ベティーブルー」みたいに
可愛い女の子よ

青空の下で
愛し合えるのは
裸になるよりも気持ちいい

チョコレート　口移しして
ディープなキスをするように
斜めから抱きしめて…
チョコレート　甘くビターな
あなたの毒がおいしいの
目を閉じちゃもったいない
いっぱい困らせたいの

――AKB48『口移しのチョコレート』(2013年)

どうだろうか。いや、どうもこうもない。助けてくれ。
「いつものキスじゃつまんないよ　強引にねじ込んで」？
「あなたの愛を舐めたいの」？

全文漏れなく圧倒的なキモさ。

どういうことなんだ。どうしてこれが許されるんだ。なぜ罪に問われないのか、日本の司法の敗北。あまりにも強すぎる。この歌詞を世に出せるそのメンタル、オリハルコンの硬度としか言いようがない。

私は今、激しく後悔しています。初めての自著で、なぜ秋元康のキモい歌詞を紹介しているのでしょうか。

こんなもの絶対に家族に読ませられない。もし、この本を本屋で見かけた場合、全力で知らないフリをしますし、隣にある本の下敷きにします。

「恥ずかしさ」を捨てれば「無限」が手に入る

秋元康のヤバさを知っていただくために、もうひとつ例を紹介します。

２０１６年に乃木坂46がリリースした『きっかけ』という曲があります。現代社会において自分自身が変わるきっかけを探していくメッセージソングで、Mr.Childrenの桜井和寿が大絶賛し、ライブでカバーしたほどの大名曲です。

その１番の歌詞がこれです。

交差点の途中で
不安になる
あの信号　いつまで
青い色なんだろう?

ふいに点滅し始め
急かすのかな
いつの間にか　少し
早歩きになってた

自分の意思
関係ないように
誰も彼もみんな
一斉に走り出す
何に追われ焦るのか?と笑う

客観的に見てる私が
嫌いだ

決心のきっかけは
理屈ではなくて
いつだってこの胸の衝動から始まる
流されてしまうこと
抵抗しながら
生きるとは選択肢
たった一つを
選ぶこと

——乃木坂46『きっかけ』(2016年)

なんと美しい歌詞なのだろう。心の霧が晴れていく。
本当に『口移しのチョコレート』を書いたのと同じ人間が書いたのか？
もうひとつ、ぜひ紹介したい乃木坂46の曲があります。
2015年にリリースされた『僕がいる場所』です。

ごめん　一人置いて行って…
たったひとつ気がかりだよ
だからそっと微笑んで

僕を許して欲しい

もしも生まれ変わったら（絶対）
君にもう一度逢いたい（神様）
でも赤ちゃんの
僕を君は見て
気づいてくれるか
僕だってわかるかな

だから決めたんだ　僕のその証拠
君の手を握り　二回ウィンクする
ぐずっていたって眠ってても
キスをしてよ

——乃木坂46『僕がいる場所』（2015年）

……これは「君」のことを好きな主人公「僕」が、自分が死んだときのことを妄想した結果、「生まれ変わったら君の赤ちゃんになりたい」という結論に至るすこぶる気味の悪い歌詞なのですが、2024年現在全く同じストーリーを描いた漫画『【推しの子】』（集英社）が空前の大ヒット作品になっている。そう、秋元康はこの未来を予言していたのです。

と、ここまで紹介した曲だけでも秋元康が書く歌詞の「広さ」を体感していただけたかと思います。奴は現在までに「3000」を超える曲の作詞を担当している。これがどれだけ異常な数字かは想像に難くないでしょう。そう、**秋元康はおそらく「恥ずかしい」という感情が欠落している。**ゆえにどんなジャンルの曲にも歌詞をつけられるし、どんな言葉でも乗せられるのです。

普通の作詞家が1000の言葉を知っていても500〜600しか選択肢がないのに対して、秋元康は1000フルで使える。だからペースが落ちることなくガッツガッツ書けるし、ネタも全然尽きない。「無限」を具現化した存在が秋元康だと言っても過言ではありません。

ゆえに『川の流れのように』（美空ひばり）、『クリスマスキャロルの頃には』（稲垣潤一）など、誰もが感動する歴史に残る大名曲も、『セーラー服を脱がさないで』『口移しのチョコレート』のような秋元康が書いていると想像するとゲボを吐いてしまいそうな大迷曲も書くことができるのです。

そして、私が秋元康に震え上がってしまった最大の事実。

騙されたと思って先ほどの『口移しのチョコレート』を聴いていただきたい。

曲、めっっっっっっっっっちゃ良い……

一度聴いたら忘れられないキャッチーなメロディに、まるで往年のL’Arc~en~Cielのような、90年代~00年代を思い出させるロック調のアレンジ。このメロディにあの歌詞を乗せられてしまうと、だんだん「この歌詞はこれでアリか……」と脳味噌が狂わされていく。そんな圧倒的説得力が秋元康の歌詞、秋元康プロデュースの楽曲にはあるのです。

イマジナリー秋元康を飼っていない文章、飼った文章

秋元康のメンタルを心に降臨させることは、文章を書く上で大きな力となります。自分の中にあるキモさを解放し、覚醒させましょう。**「こんなもん人に見せて大丈夫なのか？」と思う文章にこそ唯一無二の価値があるのです。**

例えば、今私が全裸で外に出れば確実に逮捕されますが、文章で「今これを全裸で書いています」と書いても誰も止めることはできない。そういうことなのです。文章の上では全てが真実になります。

2011年に元・AKB48の渡辺麻友が発売した写真集『まゆゆ』に秋元康が寄せた帯コメントがこちらです。

「大人になんかなるな…」

これです。このキモさこそ秋元康。これを見習ってもらいたい。

最後に、イマジナリー秋元康を飼っていない文章と、飼った文章の2パターンを作ってみましょう。

テーマはそうですね……「吉岡里帆」にしましょう。彼女の「演技の魅力」について書きたいと思います。

イマジナリー秋元康を飼っていない文章

吉岡里帆はとても魅力的な俳優だと思う。舞台で鍛えられたパワフルかつ繊細な演技力。吉岡里帆の存在感は、今の俳優界でも唯一無二だろう。特筆すべきは、心の機微を表現する「静の演技」だ。言葉はなくても、眼で、表情で、所作で、メッセージを観客に伝えてくる。そんな彼女の演技はいつも観客を鷲摑みにする。

イマジナリー秋元康を飼った文章

顔やスタイルは言うまでもない。中枢神経を直接攻撃してくる声もそう、笑ったときの三日月型の目もそう、指突っ込みたくなるえくぼもそう。かわいさの核ミサイルにしてとどまることを知らないかわいさのTomorrow never knows。

だが、吉岡里帆のげに恐ろしきは見た目ではない。こんな女子が自分の近くにいたら気が狂いかねない「あざと仕草」にあるのだ。

どん兵衛のＣＭを思い出してみろ。星野源に対してなんの違和感もなく「は？　付き合ってんのか⁉」と思わせんばかりの近さ。もはや言葉などいらない。ただそこに存在するだけで、相手に対して「え？　俺のこと好きなの？」と思わせる悪魔的なオーラを放っていた。

だが決して凡人共に「ぼくでも手が届くかも……」と勘違いさせるような隙は見せない。なんでもできるけどなんにもできない、こんなに近くにいるのに相手の心の内はわからない。この絶妙な距離感を保つのがあまりにも上手すぎる。

いわゆる「シークレットオブマイハートゾーン」（今俺が作った）の達人が吉岡里帆なのだ。吉岡里帆の「里」の文字を今日から俺の故郷にしたい。吉岡里帆とは絶対に手が届かない虹……。誰か俺を空に飛ばしてくれ。俺を殺してくれ。

キモさから生まれる「ドライブ感」の違いを感じていただけたでしょうか。

秋元康を心に飼った文章は初心者には少し難しいかもしれません。しかし、習得すれば他の書き手にはできない自分だけの文章を手に入れることができます。秋元康を心に飼うか、飼わないか、あなたが決めてください。

「自分の感情の海」に深く潜る

感情の海に潜れば何千字でも呼吸をするように書ける

私は何かの感想を書くとき、いつも**「自分の感情の海」**に深く潜っています。その体験をして、その作品を観て、その曲を聴いてどう感じたのか。断片的な単語でもいいので、まずは文字にしてみてください。そうした言葉を繋ぎ合わせて文章を組み立てていく。

最も簡単な方法をお教えします。

これを覚えれば「感想」を書くことなどイージーモード極まりないです。呼吸よりも簡単です。腕のある文章書きの10割は間違いなくこの書き方をしています。

例えば映画を観たとします。

まず、

- ○○という人がカッコよかった
- 人がいっぱい死んで悲しかった
- ハッピーエンドで終わって良かった

と、いくつか気になったポイントを書き出してください。なんでもいいです。書き終えたら、その中で「一番」印象に残っているものをひとつだけ残してください。他は全て消しても構いません。

- ○○という人がカッコよかった

を残すとします。次はその人が「なぜカッコよかったのか」いくつか理由を挙げてみてください。

- アクションがカッコよかった
- 演技がカッコよかった
- 笑顔が爽やかでカッコよかった
- ビジュアルがカッコよかった

なんでもいいです。次は、その一つひとつが「なぜカッコよかったのか」、その理由を挙げてみてください。

- 前半のアクションで敵との殴り合いがカッコよかった
- 中盤の敵とのシリアスな会話の演技がカッコよかった
- ラストシーンの笑顔が爽やかでカッコよかった
- 特に髪型がカッコよかった

もうおわかりですね。次はその一つひとつについて、「なぜカッコよかったのか」その理由をもっと挙げてみてください。

◎前半の敵との殴り合いの中で、敵のパンチを受けたあとニヤっと笑ってすぐ殴り返したのがカッコよかった
◎中盤の敵との会話で「お前だけは絶対に許さない」と言ったときの表情がシリアスでカッコよかった
◎ラストシーンの助けた家族との日常生活のシーンで、妻と子供に向けた笑顔が爽やかでカッコよかった
◎髪型がいつものストレートヘアじゃなく少しパーマがかかっていて色気があってカッコよかった

と、その作品の最も印象に残った部分について自分が感じた「なぜ?」に潜っていきます。もう2、3回潜ったら、あとはそれを全部合体させましょう。はい、数千字の感想文が一瞬で書けてしまいました。

「自分の感情の海」に深く潜る方法

①気になったポイントを書き出す

「○○という人がカッコよかった」
「人がいっぱい死んで悲しかった」
「ハッピーエンドで終わって良かった」

②一番印象に残ったポイントを分析する

「アクションがカッコよかった」
「演技がカッコよかった」
「笑顔が爽やかでカッコよかった」
「ビジュアルがカッコよかった」

③ひとつずつなぜそう思ったのか理由を書き出す

「前半のアクションで敵との殴り合いがカッコよかった」
「中盤の敵とのシリアスな会話の演技がカッコよかった」
「ラストシーンの笑顔が爽やかでカッコよかった」
「特に髪型がカッコよかった」

④さらに、ひとつずつなぜそう思ったのか理由を書き出す

「前半の敵との殴り合いの中で、敵のパンチを受けたあとニヤっと笑ってすぐ殴り返したのがカッコよかった」
「中盤の敵との会話で『お前だけは絶対に許さない』と言ったときの表情がシリアスでカッコよかった」
「ラストシーンの助けた家族との日常生活のシーンで、妻と子供に向けた笑顔が爽やかでカッコよかった」
「髪型がいつものストレートヘアじゃなく少しパーマがかかっていて色気があってカッコよかった」

⑤納得のいくところまで考え抜いたら、最後に残ったポイントを合体させれば、感想文が完成する

感情の海に潜る究極奥義「実況ブログ」

これを極めると映画やドラマを観たり、曲を聴いたりしながら、その場で感じたことをリアルタイムで文章に起こしていく究極の感想記事「実況ブログ」が書けるようになります。

BUMP OF CHICKENの楽曲『スノースマイル』。それを聴いているときの私の感情がこちらです。ぜひ、原曲を聴きながらお読みください。

バンプ「冬が寒くって本当に良かったァ…」

俺「はぁ？　なにが『良かった』だ？　良いわけねぇだろうが。良いことなんかただのひとつもねぇんだよ。体がこわばり、心が震え、血が凍る地獄の季節、それが北海道の冬なんだよボケが」

バンプ「君のォ冷えたァ左手をォ…僕の右ポケットにィ…お招きする為のォ…この上ない程の理由になるからァ…」

俺「右ポケットにお招きだ？　なに考えてんだ？　そんなんで北海道の冬の寒さしのげるはずねぇだろうが。そもそもなんで手袋してねぇんだよ。自殺行為だぞ凍傷で死にてぇのかバカヤローが」

バンプ「『雪が降ればいい』と口を尖らせたァ…思い通ォりにはいかないさァ」

俺「二度と『雪が降ればいい』とかぬかすな。北海道じゃ『雪が降らない日』こそが宴、祭なんだよ」

バンプ「落ち葉を蹴飛ばすなよ今にまた転ぶゥぞォ…何で怒ってェるのに楽

しそうなのォ？」
俺「楽しむ？　そんなものは冬の、雪の恐ろしさを知らねぇ甘ちゃんどもの寝言。怒りだ。道民は『雪』に対して圧倒的な怒りの感情しかねぇんだよ」
バンプ「まァだキレェェエイなままのォ〜〜！　雪の絨毯に二人で刻むゥ！足跡の平行線ッッ！」
俺「なんだそりゃ？　雪の絨毯だ？　基本雪なんて泥まみれで犬とジジイのションベンがそこらじゅうに引っかかってて死ぬほど汚ぇんだよ。あんなガタガタの道で足跡が平行になんかなるかよ」
バンプ「こんなァ！　夢ェエ物語ィイ！　叶わなくたって笑顔はァ…こぼれてくるゥ……」
俺「ゆっっっっ夢〜〜〜〜！！？？　は！？　なんだったのこの話！？」
バンプ「雪の無い道にィ……」

俺　「は…？　夢の話が一番くだらねぇんだけど？　なんだコイツ…」

バンプ「二人で歩くには少しコツが要るゥ…君のォ歩幅ァは狭いィ…」

俺　「いやそもそも並んで歩くな。コツとかいいから縦に一列になって歩け。冬は除雪で避けた雪のせいで道が狭くなってんだから」

バンプ「出来ィるだけ時間をかけてェ景色を見ておくよォ…振り返るゥウ君の居る景色をォオ…」

俺　「北海道の人間は冬はみんな下向いて歩くんだよ。景色なんか誰も見ちゃいねぇ。吹雪で視界は奪われ、やがて未来すら見えなくなる。それが北海道の冬なんだよ」

バンプ「まァだ乾いたままのォ〜〜！　空のカーテンに二人で鳴らす足音のオーケストラッッ！」

俺　「いい加減にしろよ？　なにが足音のオーケストラだオイ？　そんな気持ち良いもんじゃねぇんだよ。『ざっ…べちゃ…ぐちゃ…じゃり…』ホンモノの雪道はな、雪と水と氷と泥が混ざってこの世の終わりの音がする足音の四重奏(死渋葬)なんだよ」
バンプ「ほぅらァ！　夢ェエ物語ィイ！　叶う前だって笑顔はァ…君がくれるぅ……」
俺　「また夢！！？？　長々となんだコイツマジでキモいんだけど……」
バンプ「そんなのわかってるぅ……」
俺　「いやわかってねぇ。お前なんにもわかってねぇ。だって夢なんだからよ。わかった気になってんじゃねぇ」
バンプ「スノースノーーーマイル…スノースノーースノースーーーマイル…スノースーーーマイル…スノースーーーマイル…」
俺　「笑えるわけねぇだろうが。北海道民で雪見て笑ってる人間一人もいねぇからな？　『スノーアングリーフェイス』にタイトル変更しろ」
バンプ「…スマァアアアアイ……イエエエエエエイ…イェヘェエエエエイイヘェエエエッッ！！！！」

俺「ビクッ！　なに急に…？　いきなり叫ぶんじゃねぇよ…こわ……」
バンプ「まァだキレェェエイなままのォ〜〜！　雪の絨毯に二人で刻むゥ！　足跡の平行線ッッ！　そうさァ！　夢ェエ物語ィイ！　願わなくたって笑顔はァ…教えてくれたァ……僕の行く道をォ……」
俺「ハイハイ…もういいから。妄想の話は」
バンプ「君と出会えて本当に良かったァ…同じィ季節が巡るゥ…」
俺「いちいち大げさなんだよクソバカップルかよ。絶対高校のときのメアドhayato_miyuki_eternal-love_0908@ezweb.ne.jpだろ」
バンプ「僕の右ポケットにィしまってた思い出はァ…やっぱりしまってェ歩くゥウ…よォ……」
俺「は…？　なに言ってんの…？　しまうとかしまわないとか。急にどうした…？　思い出…？　は…？」
バンプ「君の居ない道を……」

俺　「えっ……」
バンプ「スノースァアアアアマイル……！　スノースァアアアアマイル……！」
俺　「……ちょっ……ちょっと待って……」
バンプ「君の居ない道を……」
俺　「……君の……居ない……道……？　えっえっ」
バンプ「君の居ない道を……」
俺　「あっ……ああ……」
バンプ「スノースァアアアアマイル……！　スノースァアアアアマイル……！」
俺　「す……スノースマイル……って……まさか……そういう……や……やだ……俺……ひどいこと……」
バンプ「君の居ない道ィをォ……！　道をォオ……！　道をォオ……！　イェエエヘェエエイ！　イェヘェエエエ！　ラララァアアララララァアアララララァアア！！　ラララァアンラァアアララァララァン！！　ララララァアンラララァアアララァアララァアアアアアア！！　ララララァアンラ

ララァァララァララァアアアアイェエエヘェエエイ……！」

俺「わ…わかったッ！　わかったからッ！！　お前の気持ちはわかったからッッ……！！」

バンプ「スノースァアアアアマイル…！　スノースァアアアアマイル……！」

俺「もう…もう笑うなよ…？　な…？　もうじゅうぶんだよ…？　疲れたろ…？　泣いてもいい…泣いてもいいんだよ…俺が…全部…受け止めるから…」

……バンプさんすいませんでした……。

――kansou「北海道民の俺にはバンプの『スノースマイル』が1ミリも共感できない」より

実況ブログをすることで自分の感じたことが脳からそのまま指先に伝わり、まるで作品と会話をしているような文章が完成します。

ただ、これは一朝一夕で習得できるものではありません。**どんなことも見逃さない「洞察力」や「想像力」を養うために、日頃からさまざまな音楽、映画、本に「好き嫌いなく」触れることが大切です。**

人間は自分の好きなものにしか触れずに生活していると視野が狭くなり、本当に見るべきものが見えなくなってしまいます。

焼肉やケーキなど、味の濃いおいしいものばかり食べていると、血液がドロドロになり不調をきたすのと同じです。時には山菜の胡麻和えや、ひじきの煮物などの料理も食べることが健康な身体を作り上げるのです。

「嫌いだな」「不快だな」と思うものにも怖がらずに積極的に触れる。そうすることで、己の視野が広くなり、結果として自分の好きなものがより輝いて見えてくるのです。

自分の心という大海原を泳ぎ、その中にある感情一つひとつを拾い集めてみてください。きっとあなたにしか書けない、特別な文章になるはずです。

「一《いち》」を徹底的に愛する

強烈な魅力を放つ「一点集中」の文章

私は「一点」のみについて書かれた文章に強烈な魅力を感じます。

好きな曲があるのなら「イントロのベース音」について、好きな俳優がいるのなら「モミアゲの形」についてのみ10000字書く。それくらい根性のある文章を私は読みたい。私はロックバンド・サカナクションの『陽炎』という曲のサビで、

「カ゛ア゛アゲロォッ！　カ゛ア゛ア゛ア゛アゲロォッッ！！」

と叫んでいる箇所が好きすぎるあまり、「それだけ」についての論文を書いたこともあります。

サカナクション『陽炎』の「カ゛ァ゛ァゲロォッ！　カ゛ァ゛ァ゛ァ゛ァロォッッ！！」の中毒性についての論文。

まずはサビの歌詞をご覧いただきたい。

オッオー
うぃきになっくとっりとーいくれなーい
いつになっくあっおーるくれなーーい
いつになっくないてーるよーだ

カァァゲロォッッ！
カ゛ァ゛ァゲロォッ！！

ギヴィノ

いきになっくわーよるはこなーい
いつになっくあっおーるくれなーーい
いつになっくないてーるよーだ

カ゛ァ゛ァゲロォッツ！！
カ゛ァ゛ァ゛ア゛アロォッツ！！

今回はこの「カ゛ァ゛ァ゛ア゛アゲロォッツッツ！！！」が、なぜこんなにも絶対的な中毒性を持つのか、そこに迫っていきます。

「カ゛ァ゛ァ゛アゲロォッツ！！」の前戯「あが゛ァい！」

「カ゛ァ゛ァ゛ァゲロォッッ！！！」ばかりに耳がいきがちですが、実はサビ前
「赤い空を僕は待った」の

「あが゛ァい！」

で一回軽くイッている。この「あが゛ァい！」がのちの「カ゛ァ゛ァ゛ァゲ
ロォッッ！！！」をさらに引き立たせているのです。

「あが゛ァい！」の時点でリスナーは「ビクッ…！　えっ…？　一郎くん…ど、
どうしちゃったの…？」と普段はオクテな彼が急に男見せてきたみたいな強引
な振る舞いに耳が吊り橋効果にやられ、

「こ…これから私…どうなっちゃうの〜〜…？？」

と、サビで自分がめちゃくちゃにされる姿を期待せずにはいられなくなる、

これが山口一郎が生み出した「あが゛ァい！　理論」です。

「カ゛ァ゛ァゲロォッ！！」の後になんか言ってる

曲中、「陽炎」というワードはアルバム『834.194』のバージョンでは合計「10回」登場するのですが、2回目、6回目、8回目の「カ゛ァ゛ァゲロォッ！！」のあとに「ギヴィノ」なのか「ヒウィノ」なのか「ゲリィロ」なのか…とにかくなにか言ってる（ここでは「ギヴィノ」とする）。

歌詞を見ても「カァァゲロォッツッ！　カ゛ァ゛ァゲロォッ！！」の後は「一気に泣くわ夜はこない」なのに、明らかに手前で「ギヴィノ」と言っています。歌詞にない歌詞。

これが幻の「ギヴィノ」

「ギヴィノ」はいわば「架け橋」であり「のりしろ」。仮に「ギヴィノ」がなかった場合、サビとサビとのあいだに一瞬の空白ができてしまいツギハギ感が生まれてしまう。しかし「ギヴィノ」を挟むことでなんの違和感もなくスムーズに次サビに移ることができるのです。

それだけではない。あれだけ「カァァゲロォッツ！　カ゛ァ゛ァゲロォッツ！！」とがなった手前、同じテンションで「いきになっくわーよるはこなーい」と普通に歌うのはいくら山口一郎先生といえど難しい。しかし、そこに「ギヴィノ」があることでサウナ後の水風呂感覚で昇っていた血がスーッと下がりフラットな状態に戻すことができる。これぞサカナクションが生み出した「ギヴィノマジック」なのです。

「カ゛ァ゛ァゲロォッツ！　カ゛ァ゛ァ゛ァ゛ァゲロォッツ！！」後に急に素に戻る

これは「カ゛ァ゛ァゲロォッツ！！　ギヴィノ」にも通じる部分で、１サビ

「カ゛ァ゛ァゲロォッッッッ！！！」後、スンて音が止んだかと思ったら急に「まちはしずかぁーー（ポォーーーーーーン）」といつものテンションで歌い出す山口一郎大先生。このテンションの高低差も中毒性を生み出す要素のひとつです。

は？　なにが「まちはしずかぁーー（ポォーーーーーーン）」だ、ふざけるな。あんなに騒いでたのに急に素に戻って「どうしました？　なんかありました？」みたいな顔してもダメだから「カ゛ァ゛ァゲロォッ！」って言った事実は消せないから…ねぇ…お願い…はやく次の「カ゛ァ゛ァゲロォッッッッ！！！」をちょうだい…ワン！　ワン！　アッアッ！　キャイイィイィン！！アォーーーーン！！　と「カ゛ァ゛ァゲロォッッッッッ！！！」をほしがる犬になってしまうのです。

同じ「カ゛ァ゛ァゲロォッッ！！」はない

「カァ゛ァ゛ゲロォッッ!!」の最も恐ろしい部分、山口一郎師匠は一度も同じ「カァ゛ァ゛ゲロォッッ!!」を使っていないという所にあります。(ちなみに記事タイトルの「カァ゛ァ゛ゲロォッ!カァ゛ァ゛ア゛ア゛ロォッッ!!」は1サビ部分3回目4回目の「陽炎」)

まず、1回目の「陽炎」は「ァ」に濁点がつかないフラットな「カァァゲロォッッ!!」、2回目の「陽炎」は「ギヴィノ…」とセットになっているため、語尾を短く切った「カァ゛ァ゛ゲロォッ!!」

3回目の「陽炎」は1回目よりもがなりが増し巻き舌気味の「カァ゛ァ゛ゲロォッッ!!」、4回目の「陽炎」は前3回よりも伸ばした「カァ゛ァ゛ア゛ア゛ゲロォッッ!!」

ラスサビ前5回目と6回目の「陽炎」はmovie versionではなかった1分の間奏が加わりタメにタメた最大がなりの「カア゛ア゛ゲロォッッ!!! カア゛ア゛

゛ア゛アゲロォッッ!!!!」（「゛ア」が最も強調されている「陽炎」）

ラスサビ7回目の「陽炎」は1回目の「陽炎」と違い「ァ」に濁点がついた「カ゛ァ゛ァゲロォッッ!!」、8回目の「陽炎」は2回目の「陽炎」よりも「゛ァ」を伸ばして歌う「カ゛ァ゛ァ゛ァゲロォッ!!!」

9回目の「陽炎」は4回目の「カ゛ァ゛ァ゛ア゛アロォッッッ!!」と5回目の「カ゛ア゛アゲロォッッ!!!」が混ざったような激しい「カ゛ァ゛ア゛アゲロォッッ!!!」、そしてラスト10回目の「陽炎」は曲が持つ儚さ「儚なクションを際立たせている余韻を残すような「カァゲロォォォッ…!!」

「カァァゲロォッッ!」
「カ゛ァ゛ァゲロォッ!!」
「カ゛ァ゛ァゲロォッ!」
「カ゛ァ゛ア゛アロォッッ!!」

「カ゛ア゛アゲロォッツ！！！」

「カ゛ア゛ア゛ア゛アゲロォッツ！！！！！」

「カ゛ァ゛ァゲロォッツ！！」

「カ゛ァ゛ァ゛ァゲロォッ！！！」

「カ゛ァ゛ア゛アゲロォッツ！！！」

「カァゲロォォォッ…！！」

おわかりでしょうか

〝昨日と同じ今日がないように、この世にひとつとして同じ「カ゛ァ゛ァゲロォッツ！！」はない〟

この「カ゛ァ゛ァゲロォッツ！！」の歌い分け、一聴だけでは気づきにくい微妙な変化も中毒性の一因となっているのです。

――kansou「サカナクション『陽炎』の「カ゛ア゛アゲロォッ！カ゛ア゛ア゛ア゛アロォッッ！！」の中毒性についての論文」より

一を徹底的に愛すれば、これだけの掘り下げをすることができます。

私はこの論文を書き上げるため、1000回は『陽炎』を聴きました。そして、最終的には数秒ごとに曲を止め、ボーカル・山口一郎の「カ゛ア゛ア゛ア゛アゲロォッッ！！」の発音の仕方を一つひとつ切り取り、聴き比べ、その違いをデータに起こし、それを文字にしていきました。

どうして「そこ」に魅力を感じるのかを自分なりに分析し、仮説を立て、実証していく。これは曲についての論文ですが、例えば映画『タイタニック』の有名な船首キスのシーンが好きなのであれば、何度も見返してジャックとローズのそこに至るまでに交わした会話、間、息遣い、手の角度、キスの回数、全てを書き出し、自分がどこに魅力を感じたのかを徹底的に洗い出し、文字にしていくのです。

限りない愛の証明「文字に起こす」

限りない愛の証明として私は**「文字に起こす」**という行為をしています。

- 『天空の城ラピュタ』でパズーとシータは何回「シータ！」「パズー！」と呼んでるのか数えた
- 映画『名探偵コナン』全作品で新一と蘭は何回「蘭！」「新一…」と言ったのか数えた

- B'z稲葉浩志は全曲中どれだけ「アゥイェエェァ!」と叫んでいるのか調べた
- ポルノグラフィティ岡野昭仁は全曲中どれだけ「ヒィイッヒィ〜〜ッ!」と叫んでいるのか調べた
- ポルノグラフィティ、イントロ文字モノマネ254連発
- ミスチル桜井和寿は全曲中どれだけ「イェッヘッヘ!」と叫んでいるのか調べた
- Official髭男dism藤原聡は全曲中どれだけ叫んでいるのか
- 藤井風は全曲中どれだけ「バラベレンベベレベレンベベレンババランバ」と叫んでるのか数えた
- GLAYのTERUさんは一生で何回両手を広げるのか
- ドラマ『大病院占拠』で櫻井翔は何回「うそだろ」と言ってるのか数えた

ある作品のセリフやアーティストの叫びなど、「一部分」にのみ着目し、その言動を書き記していく。

『名探偵コナン』であれば、20作品以上ある映画を全て見返し、「蘭！」「新一…」のセリフと秒数を抽出する。

ポルノグラフィティであれば200曲以上ある楽曲を全て聴き返し、イントロを文字に起こしていく。

ぜひ、Google検索で「ポルノグラフィティ　イントロ」と検索してみてください。次のような「イントロ文字モノマネ」を読むことができます。

サウダージ「トトトトトトト（リリリリリリ）…ディーンデディンディンディンデディンディンディンディーンデディンディンデッディディーーーン（パッコパラコッパッコパラコッ……）（ビィーーーーーン）（ディーンデディンディンディンディンディンディンディーンデディンデッディディーーーン）パッコパラコッパラコッパッコパラコッパッコパラコッ…」

私はこれら全ての記事を「人力」で書いています。

なぜそんなことをするのか。キーワードを抽出して集めるだけならパソコンを使ったほうが何百倍も正確で速いです。しかし、そんなものに意味があるのでしょうか？　**私は無駄な作業を全て人力でやってしまうほど、ポルノグラフィティの「イントロ」を愛している。**人がやるからこそ、意味があるのです。ぜひ、好きな対象の何かを文字に起こしてみてください。絶対に私は読みにいきます。

誰かに対する愛はテクノロジーを遥かに凌駕する

イギリスのオックスフォード大学でＡＩ（人工知能）の研究を行うマイケル・Ａ・オズボーン教授が２０１３年に発表した論文をご存じでしょうか。

そこには、

当時の調査から後10〜20年程度で、アメリカの総雇用者の約47%の仕事が自動化されるリスクが高いと主張。

――オックスフォード大学の論文「THE FUTURE OF EMPLOYMENT: HOW SUSCEPTIBLE ARE JOBS TO COMPUTERISATION?」より

と書かれています。論文自体はアメリカを対象としたものですが、世界全体としてＡＩによる仕事の変化が予測できるでしょう。

また、日本国内に関しては野村総合研究所が２０１５年に発表したレポートにおいて、10～20年後には日本の労働人口の約49％がＡＩ（人工知能）等で代替可能と書かれていました。

これは仕事だけでなく、文章でも言えることです。

ChatGPTやBingなどの生成系ＡＩがこれからもっと普及すれば、ほとんどの文章は人間が書く必要がなくなってしまう。いずれは「○○（有名小説家）の新作」と入力すれば、それっぽい物語が一瞬で書き上げられる時代が訪れるでしょう。つまり、

非常にヤバい

ということなのです。

そんなテクノロジーに唯一対抗できるのが「愛」です。
心から対象を深く愛し、書かれた文章は、ＡＩには決して真似できません。
こんなふうに。

小学生の時、『名探偵コナン』の「推理ガチ勢」だった。
被害者の死因、死亡推定時刻、現場の状況、容疑者の名前と職業、被害者との関係性を全て把握し、犯人が誰かコナンの目線に立って全力で推理した。おかげでコナンが小五郎を眠らせる前にはだいたい犯人がわかってた。コナンよりも早くドヤ顔をすることが生きがいだった。俺にはネクストコナンズヒントなんて必要なかった。名探偵コナンという作品の「事件」「推理」の部分にだけ、のめり込んでいった。そんな俺に、突然吹いた風。それが「灰原哀」だった。

あれは忘れもしない1999年、小学4年。第129話『黒の組織から来た女大学教授殺人事件』。

あの頃の俺は完全に「江戸川コナンそのもの」だったので、小学校が退屈で仕方なかった。突然、転校生として現れた彼女は「チッ、ま〜たガキどもとくだらねぇ授業受けなきゃいけねぇのかよバーロ…」とため息をついてた俺（コナン）の席の隣になにも言わず座り一言、

「よろしく…」

一撃で心臓を撃ち抜かれた。それは灰色の弾丸。彼女の氷のように冷たい目と、その奥に隠れた悲しみ。「守りたい」そう思った。

……それからというもの、完全に俺は「江戸川コナン」ではなくなっていた。いや「最初から江戸川コナンではなかったことにようやく気づいた」と言うべきか。そう、俺は江戸川コナンなどではなかった。
ではいったい誰なのか。

僕は「光彦」という一人の恋する男だったのだ。

灰原哀に出会い、自分が光彦だということに気がついてからは満開の桜のような日々だった。彼女の心の氷が回を追うごとに少しずつ溶けていくたび、とても嬉しい気持ちになった。「事件」？　「推理」？　そんなものはどこか遠くに消え去っていた。彼女以外、誰がどうなろうがどうでもよかった。灰原さんが活躍する回は神回、それ以外は僕にとってはクソ回だった。

だが、改めて光彦になって光彦の視点で『名探偵コナン』という作品に触れ「灰原哀」という一人の女性を見つめると、頭がおかしくなるほどに痛感してしまう。

「灰原さんには僕じゃない」

灰原さんがあの日僕たちの前に現れてから今にいたるまで、一貫して灰原さんはコナンくんしか見ていない。いや、正しくはコナンくんだけを「対等に見ている」。僕や元太くん、歩美ちゃんを見る目線は、友達や恋人というよりもむしろ「母親」の目線に近い。僕は灰原さんを「守りたい」のに、実際は灰原さんに「守られている」現状が悔しくて仕方なかった。

「大丈夫…?」

と微笑む彼女の優しさに触れるたび、泣きたくなる。

しかし、コナンくんだけは違う。灰原さんがコナンくんを見る目は僕たちに向けられているものとは明らかに別物だった。時には、一緒に事件を解決する「相棒」のような眼差しで、またある時は苦楽を共にする「夫婦」のような眼差しで灰原さんはコナンくんを見つめている。

灰原さんとコナンくんは時々、僕たちを置きざりにして二人だけの世界に入ることがある。僕には想像もつかないが、二人の間には僕たちの知らない大きな「秘密」があり、僕たちでは太刀打ちできないほどの強い「信頼」があるのだろう。それが悔しくて仕方ない。

でも、僕は知っている。灰原さんが僕のことをなんとも思っていないのと同じで、コナンくんもまた、灰原さんのことをなんとも思ってないということを。灰原さんの中にコナンくんしかいないように、コナンくんの中には「毛利蘭」しかいない。

そして、そのことを誰よりもわかっているのが灰原さん自身だということも、僕は知っている。そう、灰原さんはコナンくんを見ていたんじゃない。コナンくんに自分を見てほしかったんだ、と。

だからこそ、コナンくんが灰原さんに対して思わせぶりな態度を取ることが、最初は本当に許せなかった。あのムダにデカいメガネを叩き割って蝶ネクタイで首を締めてやろうかと何度思ったかわからない。

なにが「あれれ〜」だよ、僕たちの前では威張り散らしてるくせに大人の前でだけ子供ぶりやがって。なにが「ごらんのスポンサーのていきょうで！　おおくりします！」だよ。ふざけるのもいい加減にしろ。

…でも、数々の事件を一緒に解決していくにつれ、彼の正義感はまぎれもなく「本物」なんだということに気がついた。それだけは認めざるを得なかった。灰原さんが彼に惹かれる理由がわかる気がした。彼には未来を変える力があった。でも僕は…

コナンくんはいつもなにかにつけて、こう言う。

「真実はいつもひとつ」

…僕にとっての…真実…？

灰原哀という「難事件」を解決するネクスト光彦ズヒントはまだわからない。
愛を伝える勇気もない。曖昧にはぐらかすだけのdays 泳ぐeyes そんな自分が
本当にふがいない倉木麻衣シークレットオブマイハート。

——kansou「『名探偵コナン推理ガチ勢』だった僕を変えた灰原哀」より

序盤は「自分はコナンだ」と、勘違いしていた男が「灰原哀」という一人の女性に出会うことで「自分は光彦だった」と気づくまでの物語。序盤は「俺」、中盤からは「僕」と、シームレスに一人称を変化させているのですが、これは『名探偵コナン』においても、コナンは「俺」、光彦は「僕」という一人称を使っていることから、自分という人格が徐々に変化していることを表しています。そして「僕」の中で灰原哀がいかに大きな存在なのか、光彦の心情と自分の心情を完璧にリンクさせることで、文章の世界観にグッと引き込んでいく。

灰原哀という「難事件」を解決するネクスト光彦ズヒントはまだわからない。愛を伝える勇気もない。曖昧にはぐらかすだけのdays 泳ぐeyes そんな自分が本当にふがいない倉木麻衣シークレットオブマイハート。

この最後の段落は「ラップ」になっており、「ａｉ(アイ)」で韻を踏みながら彼女への爆発するほどの愛情を表現しています(灰原哀、わからない、勇気もない、泳ぐeyes、ふがいない、倉木麻衣)。

これがＡＩに書けない「生きた」人間の文章です。誰かに対する愛はテクノロジーを遥かに凌駕します。あなたの中にある溢れる情熱を文章にしてみてください。

詳しくなくても、書いていい

真の「雄太躯《おたく》」は死んだ

余談ですが、たまに「詳しくないジャンルなんですが、私なんかが書いて良いのでしょうか？」「○○に感動したので感想を書きたいんですが、オタクじゃない自分が書くのは気が引けます……」「もう他の人が書いているから自分なんかが書いても意味がないと思ってしまいます……」と相談されることがあります。そんな人には、いつもこう言っています。「うるせぇ書け」と。

まず、あなたはオタクというものを神格化しすぎている。**現代社会において本当の意味で「オタク」と呼べる人間は、ほとんど存在しません。**

そもそもオタクは自分から「オタク」とは言いません。なぜなら「恥」だからです。私が学生だった18年前、「オタク」といえばバレた瞬間に積み上げてきた生活が一瞬で終わりかねない忌み嫌われし存在「呪いの烙印」「背負ったカルマ」。わかりやすく言えば、「社会不適合者の総称」でした。

後ろから槍で刺されながら泥水すすって茨の道を歩くことしかできない悪魔の落とし子が、汚れた多くの苦しみを持つ「汚多苦《おたく》」と呼ばれてきたのです。

オタクとは「油」です。クラスで誰にも話しかけられなくて一人で浮いてるか、同じ種類の人間同士で固まって浮いてるか、その2種類だけ。油は「汚れ」に変わった瞬間に拭き取られてしまう。だからそれを悟られないよう、必死に擬態して息を潜めて生きてきたのです。

それでも推しを愛さずにはいられない、推しを愛する時間以外はいらない。だから風呂にも入らない。そんな面構えの違う人間たちが「汚多苦」を超えて、雄々しく太い躯を持つ「雄太躯《おたく》」になったのです。

しかし、近年「オタク」「推し」をカジュアルな流行語へと操作させた広告代理店によって全てが変わりました。ただ仕事が休みの日に酒飲みながら彼女とサブスクでアニメ観てるだけの連中が自分から「オタク」と名乗り始め、ただの「好き」の同義で「推し」が使われ始め、TikTokで『恋愛サーキュレーション』に乗ってギャルがダンスを踊った瞬間から「オタク」「推し」という言葉はなんの意味もなくなりました。

オタクだの、推しだの、もうどうでもいいのです。

だからまずは、「オタク」「推し」という言葉を恐れたり、ありがたがるのはやめましょう。その上であえて使わせてもらいますが、**今のオタクに優劣などありません。**全員等しく一列に並んでいます。オタク歴1日目と10年目どっちが偉いとかないですし、むしろ古参のオタクこそが本当に厄介な存在。推しにとって古参は、小学校のグラウンドの外でフェンス越しに野球部を見て指示出してくる近所のジジイです。

しかし、安心してください。

古参は「推しを知らない人間に褒められる」のが何よりの滋養であり、強壮のもとです。養命酒なのです。古参のオタクにとって、新規の「何もわからない状態だったんですが体験したらこんな素晴らしいことが起こりました！」という被験者的な視点は非常に含蓄《がんちく》があります。「俺たちが普段飲んでる変な液が入ったカプセルに全身浸かってほしい」「推しを摂取したことで起こるお前の体内の反応が見たい」そう思うマッドサイエンティストはそこら中に生息しています。

詳しいとか詳しくないとか関係ありません。**ただ、あなたの「感動」をありのままに書けばいい。**近所のジジイが必ず反応してくれるでしょう。

"KANJOU"WO SEISURU MONO HA
BUNSHOU WO SEISURU

第3章

「感情」を制するものは文章を制する

感情が溢れた文章には狂気が宿る

「変態」の文章だけを死ぬまで読みたい

私は理路整然だが無味無臭の味のないガムのような文章よりも、**小手先の文章術などでは決してマネできない狂気が宿った変態の文章を読みたいし、書きたい**と常に思っています。

私が敬愛する文章をいくつか紹介します。

まずは、星野源の著書『よみがえる変態』（文藝春秋）から。くも膜下出血の手術を終え、病室で激痛に苦しむ星野源。看護師に痛み止めの座薬を打ってもらうことになり、気持ちを紛らわすためにどうにか気持ち良くなろうと妄想を試みるも、失敗。痛みに耐えながら一夜を過ごした翌朝、座薬を打った看護師からまさかの「ファンです」の一言。そのときの心情を表した文章です。

最悪だ。自分のファンに座薬を3回も入れさせてしまうなんて。しかも「ファンに座薬を入れられながら気持ちよくなろうと必死で頑張った」なんて、今後どれだけ真面目なことを歌っても説得力の欠片《かけら》もないじゃないか。

1カ月後の退院の日、その子はわざわざ病室まで来てくれ、数人の看護師とともに顔を赤くしながらお祝いとして私の歌を歌ってくれた。可愛かった。退院後、頭痛も治まりずいぶん元気になった頃、集中治療室でのいろいろを思い出し、遅ればせながら少し興奮したのだが、それはまた、別の話。

——星野源『よみがえる変態』(文藝春秋)より

どんな状況でもエロを忘れない精神力と、見事なオチ。

星野源がこれから良い曲を作れば作るほど、「今後どれだけ真面目なことを歌っても説得力の欠片もないじゃないか」の一節の破壊力が増していく究極の文章ではないでしょうか。

次は、熊谷真士のブログ『もはや日記とかそういう次元ではない』内の記事「精液検査をしにいったら、射精をする部屋でパニックに陥ったのでレポートします。」から。

精液検査用クリニックを訪れた熊谷真士が、精液採取の部屋でDVDで採取するのか、エロ本で採取するのか迷った末に出した文章です。

時代は流れ、街はうつろい、社会は変容する。それでもエロ本の持つ唯一無二のエロ本性というものは決してブレることなく、ただそこに存在し続ける。それは行く川の中で流れに逆らい続ける岩場のようであり、その普遍性は美しい数式に酷似している。ページをめくるたび掻き立てられるノスタルジーに圧倒され、僕は息を飲んだ。エロ本というのは決してAVの下位互換ではない。ふと辿り着いたページ。大きめのフォントで記された文字列が僕の目に飛び込む。「ロリータ人妻による絶叫は、まさにダイナソー」。意味が全く分からない。

よし、エロ本でヌこう。僕は決意した

正確に言うと、エロ本でヌくのではない。エロ本の先にある、「普遍性」でヌくのだ。普遍性をおかずに出来るチャンスはそうない。

――もはや日記とかそういう次元ではない「精液検査をしにいったら、射精をする部屋でパニックに陥ったのでレポートします。」より

下品極まりない言葉の中に突然現れる「それは行く川の中で流れに逆らい続ける岩場のようであり、その普遍性は美しい数式に酷似している」という美しい一文。この一文によって、お下劣ブログが一気に「文学」になる。

熊谷真士の底の見えない変態性と、確かな知性が感じ取れる美しささすら感じさせる文章です。

最後は『ちびまる子ちゃん』の作者・さくらももこのエッセイ集『もものかんづめ』（集英社）に収録された「メルヘン翁」から。
さくらももこの祖父が死去し、そのことを姉に伝えたときの文章です。

「ジィさんが死んだよ」と私が言ったとたん、姉はバッタのように飛び起きた。「うそっ」と言いつつ、その目は期待と興奮で光り輝いていた。私は姉の期待をますます高める効果を狙い、「いい？　ジィさんの死に顔は、それはそれは面白いよ。口をパカッと開けちゃってさ、ムンクの叫びだよあれは。でもね、決して笑っちゃダメだよ、なんつったって死んだんだからね、どんなに可笑《おか》しくても笑っちゃダメ」としつこく忠告した。

姉は恐る恐る祖父の部屋のドアを開け、祖父の顔をチラリと見るなり転がるようにして台所の隅でうずくまり、コオロギのように笑い始めた。私は、「あ、お姉ちゃんダメだって言ったでしょ、いくら面白くてもさァ」とますます追い討ちをかけてやったので、姉はとうとうひっくり返って笑い出した。

死に損ないのゴキブリのような姉を台所に残し、私は祖父の部屋へ観察に行った。誰も泣いている人はいない。ここまで惜しまれずに死ねるというのも、なかなかどうしてできない事である。

――さくらももこ『もものかんづめ』(集英社)より

祖父が家族からどれだけ嫌われていたのかが、短い文章でここまで鮮明に伝わる凄まじいまでの描写力。「バッタ」「コオロギ」「死に損ないのゴキブリ」と姉を昆虫の三段活用でたとえている天才的な構成力。さすがとしか言いようがありません。さくらももこの面白さが存分に詰まった素晴らしい文章です。

こんな最高の文章だけを一生読んでいたい。そのために文字単価0・1円、1000文字100円のダイソーライターをこの世から一匹残らず駆逐したい。文章界のエレン・イェーガーに私はなりたい。

書こうと思って書いているのではなく、「書かなくてはいけない」「書くしかない」という強い想いが乗った文章にこそ、私は魅力を感じるのです。

「主観」こそ、目が喜ぶ極上の感想

自分の感想しか書かない「逆ひろゆき」になる

詳しくは第5章で触れますが、自己紹介は「無意味」です。

とはいえ、感想を書くときに私が最も重要視していることは**「あくまで個人の感想」**だということです。なぜなら個人の感想こそが一番の「自己紹介」になるからです。言うなれば、逆ひろゆき。「それってあなたの感想ですよね？」の問いに対して大声で「そうです！！！！！！！」と叫びたい。

この漫画が、このドラマが、この映画が面白い／つまらないのは、自分だけの考えという「軸」だけは一本心の真ん中に持っておく。

軸がブレてしまうと、途端に個人の意見だったものが「しゃらくせえ評論」

「うっすい総評」になり、「プレイヤーでもねぇのに誰が言ってんだ」と思われてしまう。結果、読者に強烈なストレスを与えてしまいかねません。

仕事でもないのに、評論、総評など書く必要はありません。音楽評論は宇野維正にでも、ドラマ評論は木村隆志にでも、映画評論は町山智浩にでも、お笑い評論はラリー遠田にでも任せておけば良いのです。

野良犬には野良犬にしか書けない文章がある。**あなたはあなたの感情を書けばいい。**

自分だけの感想を書くための5要素
最も重要な「感情」

「感想」を書くには次の5つの要素が必要です。

1 感情…それを見て自分が「喜怒哀楽」の何を感じたのか
2 経験…それを自分の経験と照らし合わせられるか
3 言葉…それを自分の言葉で伝えられるか
4 理論…それを法則的・統一的に説明できるか
5 情報…それを通して何らかの知識が得られるか

5つ全てを含める必要は決してありません。これらを使っていかに「自分だけの文章を作っていくか」それが感想です。

私が大切にしているのは、①感情、②経験、③言葉です。いかに自分の「心の内」に向き合い、経験に基づいて、それを言葉にしていくか。理論や情報は、あくまでそれらを裏付けるためのものです。

ひとつ例文を紹介します。

テレビ番組『あざとくて何が悪いの?』内のかわいくカラオケを歌う「あざと

カラオケ」という企画で、アイドルグループ・アンジュルムの上國料萌衣が松浦亜弥の『LOVE涙色』を歌いました。その素晴らしさに狂った私の感想がこれです。

一声目から耳が目が焼け死ぬ。① 声、表情、目線、仕草、髪型、顔、全てが「優勝」した。目を耳をスルーして脳を直接攻撃してくる破壊力と破壊した瞬間に全てが治癒する。歌の上手さと可愛さのバランスが完璧に釣り合い、感情のカタストロフィによって爆発。全てが上國料萌衣になる。

この日を境に俺の人生は「上國料萌衣がLOVE涙色を歌う以前と以後」に分けられた。圧倒的な歌唱力を持ちながらも100上手さに振り切らず「少し恥ずかしそうに歌う」ことで「あざとさ」と「切なさ」相反すべき2つがひとつになっていた。「気になっている男との初めてのカラオケ」のシチュエーションにおいてこれ以上のものはこの世に存在しない。こんなん歌われたら一瞬で「専用ATM」になる。

特筆すべきはなんと言っても歌詞に対しての感情の乗せ方。これはもはや「感情ビッグバン」と言っていい。自分の自信の無さを憂うマイナスの感情を歌う歌詞では少し切なく(「くやしいわ」で頭をトントンとやるんですがこれで遠くの国の戦争が終わりました)、それでも好きだというトキメキを歌う歌詞では嬉しそうに(「LOVE」で俺のほうをチラッと見てくるんですが……ったく……しょーがねぇなー……)、この感情の切り替え「エモーショナル・スイッチ」によって世界から全ての争いの火種が消える。「水」だ。彼女の歌声は聖水だったのだ。

極めつきは声の「抜け感」、ただの女神。例えばサビ「涙色」の「い〜…」で少しタメ、「ろ…」で吐息混じりに抜く。この時の声の「揺らぎ」によって脳の交感神経が異常をきたし動悸が止まらなくなり「上國料萌衣を見る」以外の全機能が停止する。上國料萌衣を、アンジュルムという存在を知らなかった過去の自分の首を今すぐ跳ね飛ばしたいそれほどの衝撃。

上國料萌衣が生まれた奇跡、出会えた軌跡、その輝きまるで宝石、俺の口に溜まりまくって歯医者にガチギレされたのは歯石。そんなリリックを一瞬で思いつくほど彼女のあざとさは俺を狂わせてしまった。聴いたあとに見える景色の彩度がまるで違っていた。今はただ上國料萌衣を育んだ全生物全宇宙に感謝したい。② ありがとうございました。

――kansou「「あざとカラオケ」のおかげでアンジュルムとエビ中に溺れかけてる」より

これが足に鉄球をつけ、身動きが取れなくなっているWebライターには書けない文章です。

①感情、②経験、③言葉のみを使い、**頭から爪先まで一切の「客観的な視点」を排除している文章**なのがわかるでしょうか。仮にこの文章を、

「一声目から〝全国民の〟耳が目が焼け死ぬ」
「今はただ上國料萌衣を育んだ全生物全宇宙に感謝〝してほしい〟」

などと書いてしまった場合、主語がデカくなってしまい読者には「てめぇと一緒にするなバカ」という負の感情が生まれてしまう。しかし、あくまで

「一声目から耳が目が焼け死ぬ①」
「今はただ上國料萌衣を育んだ全生物全宇宙に感謝したい②」

と**「自分だけの感情の文章」にすることで、感情が乗った疾走感のある文章が完成します。**

ヨダレを垂らして飢えた野良犬にちょっかいを出すアホはいません。

「あくまで俺が勝手に狂っているだけで他はどう思ってるか知らんし興味すらない」、その意識だけは絶対に忘れないことで、「なんだこいつただのバカか……」とケチを付けたい人間は去っていき、誰にも邪魔されることのない野性味溢れる文章になります。ぜひ、自分だけの文章を手に入れてください。

テクニックを凌駕する圧倒的なパワー「怒」

人間は何かにブチギレてる様子が一番面白い

「喜怒哀楽」の中で人が最も想いを乗せられる感情はなんだと思いますか？

それは**「怒」**です。

多くの文章本では「ポジティブな文章を書きましょう！」「マイナスな言葉を言い換えましょう！」などと、「怒」を完全に否定していますが、**人間は何かにブチギレてる様子が一番面白い**のです。怒っている本人や怒られている当事者ではなく、その様子を第三者目線で見ると笑えた経験はありませんか？　他の感情に比べて「怒」が乗った文章のスピード感と破壊力は全てを凌駕します。


まずは、心の中にあるブレーキを破壊してください。前章の「イマジナリー秋元康を飼う」とやり方は同じです。「こんなこと書いたら怒られるかも……」「読む人によっては不快かな……」という考えをゴミ箱に捨ててください。

例えば、私がこの世で最も嫌いな言葉は「エモい」なのですが、６年前に「エモい」に対する憎悪を綴った記事を紹介します。

「エモい」って言葉がマジで気に食わねぇ何かって言ゃぁどいつもこいつも狂ったようにエモいエモいエモいエモい…

エモいとは、英語の「emotional」を由来とした、「感情が動かされた状態」、「感情が高まって強く訴えかける心の動き」などを意味する日本語の形容詞。感情が揺さぶられたときや、気持ちをストレートに表現できないとき、「うまく説明できないけど、良い」ときなどに用いられる。　エモい - Wikipediaより

「うまく説明できないけど、良い……っ」

は？　なんだそりゃ？　うまく説明できないんだったら喋んじゃねぇよ。まとまってから言えよ。「良い……っ」じゃねぇよ、軽くイッてんじゃねぇよ。なに一人で勝手に気持ち良くなってんだよオナ太郎かよ。

しかも「エモい」使うやつ漏れなく全員「わたしわかってます〜」みたいな雰囲気出すだろ。なんだあいつら。公園で花火して一番盛り上がってるところで通報されろよ。「エモい」って使った時点で言葉にするのを放棄したサルだからな。バナナ目の前にしてウホウホ言ってんのと変わんねぇんだよドンキーコングかお前ら？

そうやって一生地面叩き続けてろよ。「ぼくは上手く言葉にできないけどニュアンスを感じ取って…」みたいなのマジでハラワタ煮えくり返るわ。お前らの脳味噌カニ味噌入ってんのか糞が。

文読んで「このブログエモい…」メシ食っては「このブロッコリー超エモい

…」映画観ては「ラストシーンの石原良純エモすぎ…」漫画読んでは「最近『浦安鉄筋家族』読み返したけどマジエモい…」犬見ては「あの白い犬エモっ…」マジで全員なに言ってんだよ。キツめのクスリやってんだろ。救いようねぇバカここに極まるだな語彙力胎内に忘れてきたんかお前ら？　なにがエモい文章だよ、ただのつまんねぇポエムだろ。森羅万象エモいで片付けてんじゃねぇよ。なんの宗教だそれ。じゃあ逆になにが「エモくない」んだよ。そっちのほうが興味あるからそっち教えろ。

（中略）

特に終わってんのが音楽な音楽。アホみたいな顔して口半開きで「この曲エモいんや〜〜〜」つってヨダレ垂らして。最近『おジャ魔女カーニバル!!』がエモいとか言われててマジで気狂いそうになったわ。頭カラッポで聴けるバカソングの代表みたいな曲だろあれ。テメェらがのたまうその「エモい」の定義だとどっちかって言ったらEDの『きっと明日は』のほうだろうがいい加減にしろよニワカ共がよマジでお前らの人生ポポリナペーペルトさせてやろうか？
お前らは手軽な言葉として「エモい」って使ってるかもしれねぇけど聞き手の理解のテンポ死ぬほど悪くしてるの気づけよ。どこがどう良いのか聞かされてるこっちは1ミリたりとも伝わってねぇんだよ。「エモい」使う奴がもれなく大好きな言葉「コスパ」最悪なのわかってんのか？　しかも一番ハラワタ煮えくり返るのが、こんな曖昧極まりない言葉で同意求めてくる奴もうお前ん家のテレビ一生モニタリングだけ流れ続けろ。

「この曲、エモくない？」

うっせバーーーーカ！！！　俺が閻魔大王だったらてめぇが「エ」っつった瞬間に舌抜いてるからな、良かったなぁ？　俺が閻魔大王じゃなくてよ。拾った命大事にしろや。

「エモくない？」じゃねぇんだよ。なにがだよ。エモくねぇよ。そもそもこっちはその「エモ」を受け入れてねぇんだよ。なに共通語みたいな感じで話してきてんだよ。こっちからしたらお前ただ口パクパクさせてるだけだからな。魚と一緒だよ。なんにも言ってねぇよ。そこにあるのは「無」なんだよ。少し空気が震えただけ。

その感情を言葉にしろよ、どこがどうエモいのか「エモい」って言う前に歌詞のどのフレーズが、曲のどのメロディラインが、ボーカルが、ギターがなんで心を揺さぶるのか、コンベンションセンターで2時間の講演をやれ。10000字の文章にして読ませろ。できないなら黙れ。

いや、百万歩譲ってそのへんの高校生とか大学生が「エモい」っつってんならまだ「言葉知らねぇガキ」でいいけどいい年した大人、しかも本職のライターがエモエモ書いてんのみると情けなくて涙も出ねぇわ。二十歳超えて「エモい」とか言ってんなよ。お前らが目指した文章ってそんなそこらの鼻タレ坊主でも言えるような言葉で片付けられるものだったのかよ？　もっと自分にしかない言葉で自分だけに書ける文章で良さ伝えたかったたんじゃねぇのかよ？　掠れたインクで文章書き続けて恥ずかしくねぇのか？　お前らのペンとっくにもう折れてんだよ。おいナタリー、ロッキング・オン、クイック・ジャパン、シンラ、リアルサウンド、お前らの「エモい」の3文字はいったい文字単価いくらだ？

お前らがプライドまでドブに捨てたってんなら俺はもう何も言わねぇよ。泥水すすりながらバカみたいに口開けて死んだように生きてろよ。永遠に「Webライターやってます！　◯◯に寄稿中です！」とかXのプロフィールでドヤってろよ。ただし俺の前に現れたらバイオハザードよろしくグレネードランチャーで頭ふっ飛ばしてやるからな。俺は曲がりなりにも文章書いてる身として、死んでも「エモい」なんてわけわかんねぇ言葉を使うような人間にはなりたくねぇ。それだけ。以上。

…ん…？　あれっ…ちょっと待って…

 **kansou**　　読者になる

ブログ内検索

トップ ＞ Mr.Children ＞ Mr.Children新曲『himawari』感想

2017-07-14

Mr.Children新曲『himawari』感想

Mr.Children　音楽

ミスチル新曲『himawari』超やべぇ…。エモい…。鬼エモ。

正真正銘「最新にして最高傑作」。初聴きは25周年ライブ『『Thanksgiving 25』の札幌ドーム公演だったんだが、「印税ナンボなんだよ」って超絶ヒット曲のオンパレードだったセットリストのライブで、音響が悪く歌詞もほぼ聴き取れないこのhimawariが、荒々しくてそれでいて洗練された田原健一、中川敬輔、鈴木英哉の演奏と桜井和寿の絶唱が、「一番良か

ほんと調子こいてすいませんでした…クツ舐めるんで全部忘れてください。

――kansou「なにが「エモい」だよ意味不明なんだよ恥を知れ恥を」より

怒りは愛からしか生まれない

これが「怒」の文章です。

前半は「エモい」がどういう言葉なのかを的確に説明しつつ、

特に終わってんのが音楽な音楽。アホみたいな顔して口半開きで「この曲エモいんや〜〜〜」つってヨダレ垂らして。最近『おジャ魔女カーニバル!!』がエモいとか言われててマジで気狂いそうになったわ。頭カラッポで聴けるバカソングの代表みたいな曲だろあれ。テメェらがのたまうその「エモい」の定義だとどっちかって言ったらEDの『きっと明日は』のほうだろうがいい加減にしろよニワカ共がよマジでお前らの人生ポポリナペーペルトさせてやろうか?

と、具体的に例を出し、その矛盾点を残らず指摘していきます。

中盤は「エモい」がいかに意味のない言葉なのかを指摘しつつ、ターゲットを「プロなのにエモいを使ってしまう書き手」にスライドさせていきます。

そして終盤は自分は絶対に「エモい」を使わない、使うくらいなら死んだほうがマシだ、と吐き捨て、終わる。しかし、過去に筆者自身が「エモい」を使っていたという、今まで書いた言葉が特大ブーメランになって自分に突き刺さる衝撃の展開で本当の終わりを迎える。

ただ、勘違いしないでください。

なにも全ての人間がこんな気色の悪い文章を書いたほうがいい、ということでは決してありません。私は羞恥心やプライドなど、人間が最低限の社会生活を送る上で必要なものを全て捨てて「ネット上のウケ」だけに特化した結果、こうなってしまったのです。絶対に〝こう〟ならないでください。あなたには、あなたの「kansou」を築き上げてほしい。

要するに、自分の文章の「感情」や「熱」がどれだけ読者に伝わるか、という話なのです。

怒りの文章を書く際のポイントですが、何よりも大切なのが、「対象」を深く知ることです。

〝故に曰わく、彼れを知りて己れを知れば、百戦して殆《あや》うからず。彼れを知らずして己れを知れば、一勝一負す。彼れを知らず己れを知らざれば、戦う毎に必ず殆うし。〟

これは孫子の中でも最も有名な教訓のひとつです。

敵情を知り、味方の事情も知れば１００回戦っても危険がなく、敵情を知らないで味方の事情を知っていれば勝ったり負けたりし、敵情を知らず味方の事情も知らないのでは戦うたびに必ず危険になってしまう。

たとえ心から憎き相手だろうと、知らなければ何も言うことができないし、ましてや文章で言い負かすことなど到底できません。

嫌いな食べ物があるのなら、嫌いな食べ物を使った料理を全て食べる。嫌いな歌手がいるのなら、その歌手がリリースした楽曲を全て聴く。そうすることで初めて嫌いなものの「どこが嫌いなのか」を明確に言葉にすることができるのです。

逆に言えば、**何も知らずにイメージだけで書く「怒り」の文章にはユーモアも説得力もありません。**ヤフコメを思い出してください。適当に書いたアンチコメントほど価値のないものはない。人を楽しませる怒りは愛からしか生まれないのです。

私はこの文章を書いたとき、Xやnoteで数え切れないほどの「エモ文章」を読み、研究し、口から血が出るほど怒りのパワーを溜めて書きました。私ほど「エモい」のことを考えている人間はいません。私は書こうと思えば誰よりも上手くエモい文章を書くことができます。そういうことなのです。

どうか自分の感情にフタをしないでください。喜怒哀楽、全ての感情を見せてほしい。私も全てを見せます。

尊いを越える究極の表現「恐怖」

人間は愛が振り切れると怖さを感じる生き物

最近の流行語に「尊い」という言葉があります。しかし、**私にとっての尊敬語の最上位は「恐怖」です。**

対象の圧倒的な才能を目の当たりにしたときに感じる、「こんな天才が同じ地球上に存在している」その事実が恐怖となるのです。

例えば、私が今この世で恐怖を感じているアーティストの一人に「米津玄師」がいます。2018年に彼がリリースした楽曲『Lemon』を初めて聴いたときの感情はまさしく「恐怖」だった。それを綴った文章が以下です。

米津玄師のイメージは、春画描いてる浮世絵師①みたいな名前のとおり「気持ち悪いのに気持ち良い音楽作ってるド変態」だと思ってた。

「好み」を超えて『米津玄師』の名前を知った時から曲が流れるとどうしても無視できない。やってることは1ミリも理解できないのに「なんかすげえこいつ…」ということだけは異常に伝わる。得体の知れない化け物。

その「気持ち悪さ」は、例えば『ポッピンアパシー』や『MAD HEAD LOVE』の謎の電子音のような、普通にそれだけ聴いてると不快にすら感じる部分なんだが、米津は逆に利用して印象づけてたり「違和感」にしかならない音を他の音と組み合わせることで「気持ち良い」に変換させてくる。

それはアレンジだけじゃなく、米津自身のザラついた声も「そのメロディにその言葉当てるか」っていうような歌詞も、良くも悪くも強制的に聴いた人間の脳裏に刻まれる音楽を描く狂気のエロ春画舐め郎、そんな印象だった。

それを踏まえてこの『Lemon』。怖すぎる。全音「気持ち良い」に振り切ってる。声も歌詞もメロディも気持ち良さしかない。歌詞の内容は終始マイナスなのに体揺らしてクラップしながらリズム取りたくなる感じとか不自然なほどに完璧だった。

米津玄師にしては不自然すぎるくらいに「わかりやすい良い曲」「わかりやすい良い歌詞」をやってる。メロディ、歌詞共に「ヒト科が好む音」しか鳴ってない。1億人が好む音楽。ギターもストリングスもAメロで突如ブチ込まれる「ウェッ」も、本当に細かいところまで残らず「国民的ヒット曲」だった。

しかも、いくらなんでもドラマ『アンナチュラル』にハマり過ぎている。

毎回一番良い場面で小っちゃい小っちゃい息吸い音からの「夢ならばどれほどよかったでしょう…？」が無音から入る所は聴くたびに「俺も検死してください…」と血の涙を流してしまう。

「（スゥ…）夢ならば…どれほど…よかったでしょう…？（ウェッ）」

ウェッ…は…俺の…泣き声だったのか…

みたいなことが毎話起きてしまう…おかしいだろ…俺の知ってる米津玄師はこんなミュージシャンじゃなかっただろ…こんな「ドラマから生まれました」みたいな曲を作るミュージシャンじゃねぇだろ…もっと頭イカれた「俺は俺だけの音楽を作る鬼」だったはずでは…待て…騙されるな…米津はいま地下から「あえて」地上に出てきて地上の人間向けにわかりやすい音楽をわかりやすくやってるだけ…多分あいつが本気出したら俺たち凡人は1ミリも理解できない、ほぼナメック語②なんだよ…

だからこそ、俺は米津玄師が怖くて仕方がない。めちゃめちゃ知識があって専門的な話もできるはずなのに魚知らない一般人向けに「ギョギョギョ〜〜〜！」とかってピエロ演じてるさかなクン③さんがたまに見せる「年下だろお前。さかな〝サン〟な。」と言わんばかりのあの表情を見た時と全く同じ。ロングコートの中は上半身裸にガーターベルト④なのに、普通の顔して日常に溶け込んで国民的ミュージシャンをやってるのが怖くて仕方がない。

『Lemon』を聴くたびに鳥肌が止まらない。『モニタリング』でプロスポーツ選手がジジイの格好して紛れ込むような違和感。ある意味、米津玄師は俺たちアホのために「手を抜いてる」…だが、それは決して音楽的に手を抜いてるんじゃなく、元々の変態性と大衆性をうまくミックスさせて『Lemon』みたいな極上の作品として昇華させてるとも言える…

これから先、コアな音楽好きも俺たちみたいなアホも唸らせるやり方を覚えた米津玄師が、これからアルバム曲とかカップリング曲じゃなくて「ノンタイアップのシングル」とかでリミッター外して好き勝手したら本当にバケモンみたいな曲を作りそうで怖いし、なにより一番の恐怖は、いつの間にか米津玄師の作るそんな音楽を心の底から欲してる俺…

米津玄師こわい

――kansou「米津玄師『Lemon』聴いて「こわい」と思った」より

私の米津玄師に対する感情が少しは伝わったでしょうか。米津玄師は元々「ハチ」という名義でニコニコ動画を中心に活動していた「知る人ぞ知る」存在だったのです。それがいつのまにか、誰もが知る国民的アーティストへと変貌していました。

地下に潜んでいたはずの音楽の化物が地上の人間に擬態し、我々アホにもわかりやすいような曲を作り、それがまんまと歴史に残るヒット作になってしまう。さらにこの『Lemon』を皮切りに、出す曲出す曲で特大のヒットを飛ばしている……私はそれがものすごく怖い。

もはや軽々しく「ファン」などという言葉すら使えませんでした。

まさに「恐怖」。

他人に伝染する「好きすぎて怖い」

そして、この「好きすぎて怖い」という「恐怖」の感情は他人にも確実に伝染していきます。

例えば、「〇〇が好き」という想いを第三者に伝えるとき、その感情の矢印は一方向にしか向けられていません。会話の例を用いて説明しましょう。

例A（通常）

「俺さ、リンゴがマジで好きでさ～」
「へぇ～、なんで？」
「だって甘くておいしいじゃん！」

これでは、俺がどれだけリンゴが好きで、そのリンゴがどれだけ甘いのかが全く伝わりません。「だから何？」としか思われない。

しかし、この感情を「恐怖」として伝えるとこうなります。

例B（恐怖）

「俺さ……リンゴがマジで怖いんだよ……」

「え……？　な、なんで……？」

「いくらなんでも甘すぎる……あの甘さは常軌を逸してる……」


例A（通常）は「好き」という感情しかありませんが、例B（恐怖）は「好き」と「怖い」が混在し、**感情の矢印が2方向に向いている**のがわかるでしょうか。

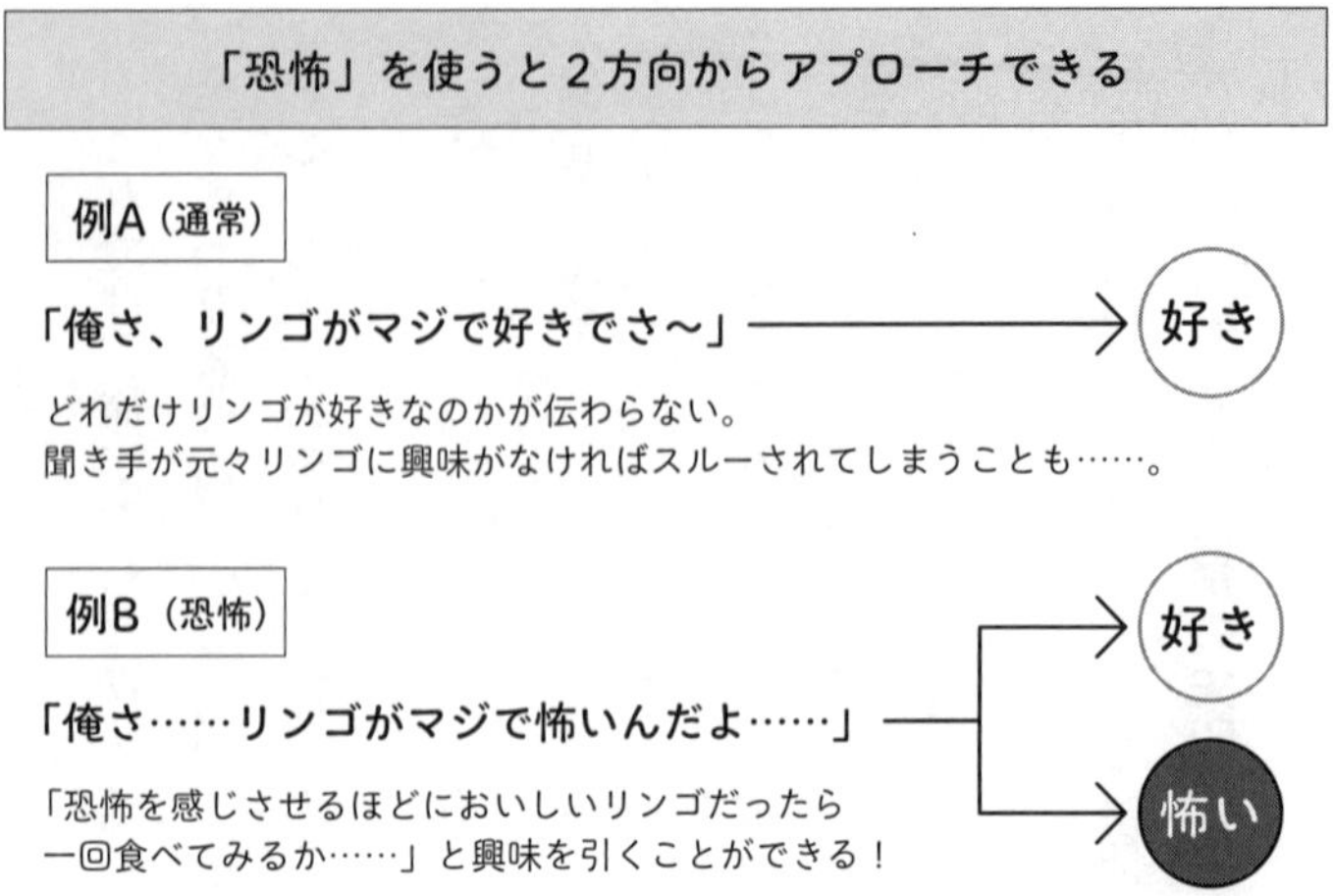
「恐怖」を使うと２方向からアプローチできる
例A（通常）
「俺さ、リンゴがマジで好きでさ～」
好き
どれだけリンゴが好きなのかが伝わらない。
聞き手が元々リンゴに興味がなければスルーされてしまうことも……。
例B（恐怖）
「俺さ……リンゴがマジで怖いんだよ……」
好き
怖い
「恐怖を感じさせるほどにおいしいリンゴだったら
一回食べてみるか……」と興味を引くことができる！

「好き」だけを相手に伝えても、相手がその対象に興味がなければそこで話は終わってしまいますが、このように「好き」に「怖い」を混ぜることで、**相手に2つの方向からアプローチをかけることができます。**「そんなに恐怖を感じさせるほどおいしいリンゴだったら一回食べてみるか……」と思わせるチャンスが増えるのです。

これは会話の例ですが、文章でも同じことです。大切なのは**「恐怖ポイント」**を見つけることです。

対象のどんなところに最も恐怖を感じているのか。

アーティストなら「曲」なのか「声」なのか「歌詞」なのか「制作過程」なのか「生い立ち」なのか。それを知り、深掘りすることで、自分にしか書けない快文が完成します。

米津玄師の他にもう一人、私が恐怖を感じているアーティストがいます。それが「三浦大知」です。三浦大知といえば「ダンスのすごさ」が注目されがちですが、私が彼に最も恐怖を感じているのが「声」です。特に、最近の三浦大知は楽曲によって全く違う声色を出すことができる、究極のボーカリストへと変貌を遂げました。

アルバム『OVER』に収録されている『能動』という楽曲があります。一度、三浦大知の声を想像してから曲を再生してみてください。

「動けェ動けェただ能動ゥ…人生は一度の大勝負ウ…尽きる事ない初期衝動ゥ…迷いごと飲み込むゥ…イマジネェショォォンヴゥ……」

きっとこう思うことでしょう。

「えっ、誰」

三浦大知の新曲を聴きに来たはずなのに、再生ボタンを押した瞬間に「全身に死ぬほどタトゥーが入っている電線くらい太いゴールドのネックレスを身に着けた筋肉ムキムキのイカつい不良男性」による、鬼のような低音ボイスが聴こえてきました。口から大腸が出るかと思いました。

誰…？　怖い…本当に三浦大知の曲かこれ？　…まさかコラボ曲…？　そんなことは一言も…サプライズなのか…？　いったい誰と…

三浦大知でした。

「全身に死ぬほどタトゥーが入っている電線くらい太いゴールドのネックレスを身に着けた筋肉ムキムキのイカつい不良男性」の正体は、なんと三浦大知本人だったのです。

信じられない…あまりの衝撃に漏らしながら全身をブルブルと震わせていると

三浦大知「音鳴らそうッッ!!!!　ジャスオーブナドアッッ!!!」

いつもの天まで昇るような大知の高音ボイスが両耳を突き抜けました。きっ、気持ち良すぎる…そうだ…！　これこそが俺の知ってるダイ

三浦大知「動けェばァ動くほど放射状ゥ徐々に肥大してくニュウワァァヴァァ…」

誰…

な…なんなんだいったい…本当にこの声は大知なのか？　本当にこれが？

信じられない、何も信じられれ…

三浦大知「ジユウッジザイッツニッ…ユイイツムニッアラタッ…ナディメンションッツッ…トェゥ…テェォウトットトットトットゥ…（全部裏声）」

大知……はぁ……なんという裏声なんだ…一瞬も曇ることない…透き通ったガラスのような美しい歌声…まさに天使とも呼ぶべき圧倒的エンジェルボイ…

三浦大知「溢れ気味いつもオーヴァフロゥ可能性ありすぎてオーヴァロォゥ

溢れ気味いつもオーヴァフロゥ丸いまま鋭く尖ろうウ……」

これ…は……？　少し怪しいが…これは…三浦…大…知…なのか…？　だが…こんな地面ギリギリを攻めるような中低音域の三浦大知は滅多に聴くことはできな…

三浦大知「その時までッ！　生き抜くだけッ……ケッケッケッケッケッケケケエエエッケエエエエ……腕も足もッ！！！　思考も心ォ〜〜〜もォ〜〜〜！　全てを使えェ……」

これェエエエ〜〜〜〜！！！！　これこれェ〜〜〜！！！　この耳から全身を突き抜けるような気持ち良さッ！　爽快感ッ！　これこそが大知！！！！！！　ウォオ

三浦大知「動けェ動けェただ能動ゥ…人生は一度の大勝負ウ…尽きる事ない

初期衝動ゥ…迷いごと飲み込むゥ…イマジネェショォォンヴゥ……」

誰……？

（中略）

もうやめてくれ…

「誰…？」↓「三浦大知…？」↓「三浦大知イイイイ！！！」↓「誰…？」↓「三浦大知…？」↓「三浦大知イイイイ！！！」

が10秒ごとに切り替わる。俺はいったい誰の曲を聴いているんだ……脳が振り回されておかしくなる。深海1万メートル潜らされたと思ったらエベレストを登頂させられていた。

そして乱れにかき乱され、精神が爆発しそうになったその瞬間、ギガント級の実力を引っさげ、全世界が待ちわびた、"Daichi"が、やってきた。

「全てを゛懸げェエてェエエエエエエエエェエ

エエエ〜〜〜〜〜〜！！！！！！！ェ

エエエエエエエエエエエエエエエエェ……エ

エエエへェェエエエエエイエへエエ

エェェェェエエエエェェェエエェェェエエ

エエエエェェェェイ…………

アア゛ァァァァアアアアアアアオオオ

オッツッ！！！！！！！」

本当に恐ろしい…曲時間たった「2分40秒」が、まるで人生80年を生きたような濃度。

私たちが今まで見ていたのは三浦大知のほんの「一部分」だったことが明らかになってしまいました。

三浦大知とは「一人」ではなく…おそらく「一浦大知」から「十浦大知」まで10人いる…でなければこんな曲が歌えるわけがない。⑤説明がつかない。この曲は、三浦大知『能動フィーチャリング一、二、四、五、六、七、八、九、十浦大知』だったのです。

——kansou「三浦大知の新曲『能動』、三浦大知10人くらいいて怖い」より米津玄師と三浦大知、同じ「恐怖」の感情を表現した文章ですが、この二つには大きな違いがあります。米津玄師の文章は**「広い恐怖」**です。たとえるなら、お化け屋敷の「屋敷そのものの怖さ」でジワジワと恐怖するようなイメージです。米津玄師の元々の音楽性や過去楽曲の解説を用いつつ、その中でリリースされた『Lemon』という曲がいかに異質なのかについて言及しています。

ポイントは**「米津玄師をよく知らない人」にもわかりやすいよう「たとえ」を多用した**ことです。春画描いてる浮世絵師①、ナメック語②、さかなクン③、ガーターベルト④とさまざまなたとえを細かく用いて、米津玄師というミュージシャンのすごさを解説しています。

対して、三浦大知の文章は、巨大な化物が出てきてワッ！と脅かされるような**「狭い恐怖」**です。曲や声へのピンポイントの恐怖。この文章では、あえて比喩やたとえの量を少なくして、「『能動』という曲そのものがどうすごいのか」をストレートに綴っています。そして最後には、「何人もの歌声を使い分けている」すごさと「三浦大知」の名前に着目し、

三浦大知とは「一人」ではなく…おそらく「一浦大知」から「十浦大知」まで10人いる…でなければこんな曲が歌えるわけがない。⑤

で、一撃で端的に三浦大知のすごさを表現しました。

文章の書き方としては、前章『「自分の感情の海」に深く潜る』で紹介した「実況ブログ」の応用です。どのフレーズのどの箇所に恐怖を感じたのか、何回も曲を再生し、言葉にしていきます。

広く恐怖するのか、狭く恐怖するのか、「好き」の中にある「恐怖」に目を向け、思いつくままに表現してください。きっと同じように感じる人がいるはずです。

"SASU BUNSHOU"WO KAKU

第4章

「刺す文章」を書く

自分の中にある情熱と冷静をコントロールする

鳥が大空を羽ばたくような「AMの文章」

私は自分のブログの文章と他媒体での文章では、大きく文体を変えています。そのときに重要なのが**「文字から声が聴こえるか」**です。

書きながら必ず声に出して読んでみる。さらにそれを録音し、イヤホンで繰り返し聴く。そうすることで文章と自分が一体となり、この内容にはどういう言葉遣いや句読点のリズムで書けばいいのかが、驚くほど鮮明になってくるのです。この技法にあえて名前をつけるなら**「読むラジオ」**。

そして、その内容によってチューニングを高校の部室を覗くようなニッチで濃い話をするAMに合わせるか、老若男女が安心して聴ける話をするFMに合わせるか使い分けています。

他人と過去は変えられないけど、自分と未来は変えられるのだから。

例えば、私は自分のブログ「kansou」では昔からの読者に楽しんでもらうために、語りかけるような口調で書き進めることが多いです。

まずは、**「AMの文章」**をご覧いただきましょう。

私は一重でくせ毛のやせ型の男なのですが、他人から「星野源に似てるね」と言われることが多々あります。

それを素直に褒め言葉として捉えられると良いのですが、私自身自分のビジュアルが全く好きではないのと、星野源の音楽の大ファンであるという理由から、その言葉に対して強い反発を覚えてしまいました。それを綴ったのが、以下の文章です。

「一重でくせ毛のやせた男」あるあるで、初対面の人間に「星野源に似てるね」ってめちゃくちゃ言われるんですけど、俺はもう限界だよ。

生まれたときから常に一重でクセ毛のやせた男である俺は「星野源に似てる」って言われて嬉しかったこと一回もない。心の底から1ミリもなりたくねぇんだよ。

俺がな、いま一番なりたいのは「King Gnu常田」一択なんだよ。「君はまるで常田だね」と言われた時点で俺はその場で海になるほどの大量の嬉し涙を流す。

でも、無理なんだよ。目が鼻が口が体格が髪質が、俺という人間を形成する全ての要素が「お前は常田ではない…」と囁いてくるんだよ、俺は天地がひっくり返っても常田にはなれねぇ運命を背負ってるんだよ、だから歯食いしばりながら必死に星野源やってるんだよ。

そんな星野源を背負いし俺に

「一重でくせ毛のやせた男の最大値＝星野源」

の方程式を当てはめるな。星野源というバカデカ風呂敷で俺を包もうとするな。とりあえずあまりにも俺に対する話題が無いからっつって「星野源に似てるね」とか言っておけば場が持つと思うなよ。嘘でも「えっ？　森田剛かと思った」って言え。

あと「星野源に似てる」とか言ってくる奴の星野源の引き出し「逃げ恥」「恋」「どん兵衛」「ガッキー」「ドラえもん」くらいしかないのマジでいい加減にしろ、俺に「星野源に似てる」って言うんだったら最低でも、全曲聴いて全部のドラマ映画観ておげん観てオールナイトニッポン毎週聴け。星野源からの寺ちゃんの話にスライドできるやつだけが俺に星野源の話を振ってこい何が「恋歌える?」だよ「営業歌える?」だろ普通。俺の前で平匡の話をするな、志摩か四宮の話をしろ。

——kansou「一重でくせ毛のやせた男に「星野源に似てる」って言ってくる奴、だいたい星野源のこと全然知らない」より

このように、**体裁を整えたきれいなものではなく、読んだ人の脳がトリップして気持ち良くなるような「爽快感」を意識して文章を書いています。**

これが「AMの文章」です。

読む人によっては攻撃的で下品だと思われるかもしれませんが、これが私が

最も感情の乗る文章表現なのです。「AMの文章」にルールはありません。自分にとって一番自由に書ける言い回し、いや「書き回し」を見つけていく。

感覚としては、鳥が大空を飛んでいるようなイメージです。そのとき感じた想いを脳からそのまま直接指に投影する。これを**「情熱：10　冷静：0」**としましょう。

コースを走るレーシングカーのような「FMの文章」

対して、ブログではなくライターの仕事として文章を書くのであれば**「情熱：6　冷静：4」**と情熱の部分を少しだけ薄めます。

ウェブメディア「クイック・ジャパン ウェブ」の連載で星野源がテレビ番組

『あちこちオードリー』に出演した回について書かせていただいた記事を一部抜粋します。

「ずっと主軸をやってきた人間というよりかは、主軸じゃないんだなっていうのを自覚している人間で。自分が思っているものを主軸にしていきたいって感覚をずっと持っているので、最初のころはそういうのに気づいてくれる先輩がたまにいて、褒めてくださったりするんですけど、だんだん自分のやってることが主軸になってくるにつれ、なんか普通……なんか『星野源って当たり前にポップな人だよね』って思われてて、違うんだよなぁって思ってて、それがだんだん褒められなくなってくる、当たり前になってるって感じはありますね」

サラッと言っていたが、言葉どおり星野源が「自分の音楽を主軸にした」ことのすごさに改めて身震いした。おそらくほとんどの人は星野源の音楽を聴いて「マニアックだな〜」とは思わない。それほど自然に星野源はポップの中にマニアックさを両立させている。

大衆が「わかりやすい！　ポップだ！」と思って摂取している星野源の音楽の中には数滴、アンダーグラウンドでマニアックなドロドロの汁が混ざっている。毎晩食べている夕食に少量の薬物が混ざっていて、少しずつ中毒になっていくような恐怖と気持ちよさ。そうなってしまうともう、星野源からは逃げられない。①心境の変化はあれど②、星野源の作る音楽の「根」の部分はいい意味で変わっていない。そのなかで時代が星野源に追いついた、いや星野源が時代を動かしたと言えるのではないだろうか③。

そんな星野源が『あちこちオードリー』という番組に出るのは、今となっては必然のようにも思える。2012年にリリースした楽曲「フィルム」の中に

「笑顔のようで　色々あるなこの世は」という歌詞があるが、『あちこちオードリー』の番組に恐ろしいほど当てはまるフレーズだ。

普通ならゴミ箱に捨てるしかない、犬も食わない愚痴や苦労話を最高におもしろいコンテンツへと昇華していくこの番組と、「愛」と「糞」を同時に曲に込める星野源はまさに親和性の塊、今回が初めてなのが不思議でしょうがない。そしてそんなふたつがついに出会ってしまった。文字どおり奇跡の回だった。

そしてもうひとつ、本編とは別の奇跡が起こっていたのにお気づきだろうか。星野源には忘れてはならない最大の武器がある。そう「エロ」である④。

『あちこちオードリー』のニューヨーク、小島瑠璃子ゲスト回で、兄弟番組『かちこちオードリー』が爆誕し、SNS上では星野源回との内容の差に「落差が激し過ぎる」「先週のかちこちオードリーはなんだったんだ」といった声が挙がっていたが、勘違いしないでいただきたい。番組の流れ上、ああいった真剣ガチトークになってはいたが、星野源は紛れもなく『かちこちオードリー』側の男であると。どれだけ売れようが、誰と一緒になろうが、TENGA愛を語り、FANZA愛を叫ぶ、星野源のエロと性に対する探究心は常軌を逸している。いや、むしろ星野源こそが「真のかちこちオードリー」と言っても過言ではない。⑤

今回は売れるまでの葛藤や創作をする上での苦悩を語っていたが、もしまた番組ゲストで出演することがあるのなら、ぜひ『かちこちオードリー星野源SP』を放送してほしい。ニューヨークも交えて5人で「自分磨きトーク」をしてほしい。そう強く思った。

――クイック・ジャパン ウェブ「星野源の嘘のなさを『あちこちオードリー』で改めて感じた」より

ブログの記事ではほとんど使わないあれど②、だろうか③、である④といった少し硬い言い回しを使い、「冷静な大人としての文章」の体裁を整えています。しかし、星野源を表す表現に関しては少し情熱を混ぜる①⑤。イメージとしては、決められたコースを走るレーシングカーの感覚です。冷静さを保ちつつも、変えるべきポイントでは情熱を混ぜて、少しアクセルを踏む。これが「FMの文章」です。

● どこで(場所)
● 誰に(読者)
● どんな(内容)

この「文章の3D」を意識し、多面体のように文体を変えていく。

繰り返しになりますが、どんな文体だろうと「その人間が」書き続けていれば自分の血肉となり個性となっていきます。

最初はなかなか反応がもらえないこともあると思います。でも諦めないでください。私も最初はそうでした。

しかし、ブログの読者数が一桁のときから内容や文体を試行錯誤し、休まずに10年書き続けたからこそ、今の自分を手に入れました。

あなたも文章を書き続けていれば、自分の名前を明かさなくても「〇〇さんの文章かと思ったらやっぱり〇〇さんだった」と言われる日がきっと来ます。

そして、自分自身が文章そのものになる。その感覚を味わってみてください。

刺す文章は「広いあるある」と「狭い固有名詞」

「広いあるある」で全員に向けて浅く刺す

読まれる文章を書くために欠かせない要素が「あるある」と「固有名詞」です。１００人全員が「うんうんわかる」と白目を剥く**「広いあるある」**と、「こんなのわかるの俺しかいない」とヨダレを垂らす**「狭い固有名詞」**。これらを上手く使い分けることで殺傷能力の高い「刺す文章」になります。

実際の文章を用いて説明しましょう。

私が２０２３年に執筆した「死ぬほどサウナ入ってるのに一回も整ったことないしむしろ乱れてる」というサウナに対しての怒りを綴った文章です。

まずは「広いあるある」の文章。

昔から少しでも時間あれば近所の銭湯行って風呂とサウナ入るんですけど、最近は店ぐるみで「整う」押し付けてきて最悪。デカデカと貼ってあるポスター見たら、

究極の健康法！　サ活！　始めちゃいましょう！！
さあ！　みんなで整いましょう！！　レッツ！　ととのい！！
整うための5か条！

1．サウナは5〜6分がベスト！　入った後はしっかりタオルで身体を拭いてね！

2．水風呂に浸かる時間は数秒でOK！　ただし！　肩までしっかりと浸か

るのがポイント！　ムリは禁物だよ！

3．外気浴はすうるっせェエエエボケエエエエ！！！！！　なにが「サ活」だ？　なにが「レッツ！　ととのい！」だ？　なにが「5か条」だ？　勝手にキモい条例作んな好きに入らせろバカ！！！　お前らのせいでこっちは精神乱れっぱなしなんだが？？？

——kansou「死ぬほどサウナ入ってるのに一回も整ったことないしむしろ乱れてる」より

最近はどこのサウナに行っても「整う」を強要され、ストレスが溜まる。

これは、多くの人間が抱えている「あるある」です。

これを導入として書くことで、多くの読者の関心をグッと引き込んでいくのです。

「狭い固有名詞」で一人に向けて深く刺す

次に「狭い固有名詞」の文章です。

しかもなにがムカつくって、あいつら「サウナ行ってる」って言うだろ。いや「風呂」だからそこ。なにがサウナ行ってるだよ、勝手にサウナをメインにしてんじゃねぇよ。どう考えても風呂がメインでサウナは脇役だろ。だったら「風呂行ってる」か「銭湯行ってる」か「温泉行ってる」って言えバカ。

なにをきどって「サウナ行ってます」ってお前カラオケに「メシ食い行こ」って言うやついねぇだろ。「最近の主役は俺です」みたいな顔して宮城リョータ①か？

（中略）

…いや、別に一人で粛々と修行僧かの如くサウナと水風呂繰り返し続けてるんだったら全然好きにやれって感じなんですけど、あいつら徒党組むだろ。土日夜のスーパー銭湯とかゴブリン突撃部隊②みたいな大学生の集団アホほどいるしよ。あと野犬並みにやかましい謎のオッサンのコンビな？

（中略）

しかも、あいつらサウナ出てかけ湯なしアズスーンアズで水風呂入りやがるし、「黙浴」の張り紙見えてない時点で目もやられてるだろ。「整う」は完全なる有毒行為、はやく法律で規制したほうがいいし整ってるやつ全員逮捕したほうがいい。俺が杉下右京③だったらなにがなんでも任意で引っ張ってるからな？ 命拾いしたな？ 拾った命大事にしろや。

——kansou「死ぬほどサウナ入ってるのに一回も整ったことないしむしろ乱れてる」より

ここで登場する

宮城リョータ①（漫画『SLAM DUNK』のキャラクター）

ゴブリン突撃部隊②（カードゲーム『遊戯王ＯＣＧ』のモンスター）

杉下右京③（ドラマ『相棒』の主人公）

は全ての人間が知っているとは言い難く、記事の内容に全く関係がない固有名詞です。

しかし、**「ある特定の誰か」に向けて「狭いたとえ」を出すことで、「この文章は俺にだけ向けられている」という特別感が出ます。**

重要なのは、固有名詞だけで攻めるのではなく、誰にでもわかるネタの中に固有名詞を「忍ばせる」ことです。

そもそも「整ってる」男だいたい存在がうるせえんだよ。声デカいし顔の圧ヤバいし目バッキバキだし、本棚に『嫌われる勇気』と『夢をかなえるゾウ』と『人は話し方が9割』あるし、しょうもない仕事のこと「タスク」とか言うし、なんか海外のほっそい瓶ビールとか飲むだろ。

——kansou「死ぬほどサウナ入ってるのに一回も整ったことないしむしろ乱れてる」より

こちらは「特定の誰か」を決めずに「人間の脳に思い浮かぶいけ好かないサウナー」をたとえて言語化した文章なのですが、「声デカい」「顔の圧ヤバい」「目バッキバキ」というぼんやりとしたイメージの中に、『嫌われる勇気』『夢をかなえるゾウ』『人は話し方が9割』と、本のタイトルを限定して挙げています。

この部分は「自己啓発本」と置き換えても成立するのですが、**あえて固有名詞を使うことで、読者のイメージがより鮮明になる**と考えました。このように「広いあるある」の中に「狭い固有名詞」を混ぜていくのがポイントです。

「お前は俺か」と思わせて虜にする

また、**固有名詞は書き手がどんなカルチャーに触れてきたかを表現できる手段でもあります。**Ｍ-１グランプリ２０２３で優勝した令和ロマンも、固有名詞をとても上手く使い、大勢のファンを獲得している芸人です。

例えば、２０２３年のＡＢＣお笑いグランプリでも披露された漫才『back number』は、back numberの男らしくない歌詞をイジるネタなのですが、

「捕獲レベルいくつだ?」「なんでトリコの世界だと思ってんだよ」

「名前のない毒みたいな。アンナチュラルの1話」

といったように、「トリコ」「アンナチュラル」など流れと全く関係ない固有名詞が随所にちりばめられています。

これらのフレーズの意味を知らない人間にとっては笑えない部分でも、これが刺さる人間にとっては一発で令和ロマンの虜になるキラーワードになります。

人間には自分と近い嗜好（思考）を持つ人間に惹かれる「類似説（resemblance theory）」という習性があります。これは文章も同じ。**「お前は俺か」と思ってしまう文章に魅力を感じる**のです。

また、令和ロマンと同じように固有名詞を多用するコンビが真空ジェシカです。彼らは漫才の摑みでボケの川北茂澄がツッコミのガク（金髪でおかっぱ＋眼鏡）の容姿にかけて「〇〇のやつです」と自己紹介し、ガクが「言うとしたら僕」とツッコミます。これも、固有名詞ボケの応用のひとつです。

「カウントダウンTVの眼鏡のやつです」
「平成教育委員会の眼鏡のやつです」
「『オトナ帝国の逆襲』の眼鏡のやつです」

ツッコミのガクが何に似ているかを観客が知っているかどうかでウケ量が大きく変わってくるのですが、菊池君（カウントダウンTVの眼鏡）、勉強小僧（平成教育委員会の眼鏡）、ケン（『クレヨンしんちゃん 嵐を呼ぶモーレツ！ オトナ帝国の逆襲』の眼鏡）のように姿形は想像できても一般的に名前が知られていないものに関しては、固有名詞ではなく特徴を伝えることで、イメージさせやすくなります。

実際、相手の知識に委ねる「固有名詞」が受け入れられるかどうかは、ほぼ「パチンコ」です。10人いたら1人がわかってくれれば御の字。収支はプラスです。読者を信じてハンドルを回しましょう。

自分の感情を伝える切り札「対比」

「知性とバカ」を使い分ける

自分の感情を伝えるときに有効なのが**「対比」**です。

文章における「対比」のテクニックといえば、**「過去と未来の対比」**が一般的です。

「私はこの映画を観て人生が変わりました。なんて自分は愚かだったのだろうと、これまでの行いをとても後悔しています」

このように映画を観る前の自分と観た後の自分を対比させることで、いかにその作品が素晴らしいものであるかを伝え、読者の共感を引き込むテクニックです。

これも小手先の文章としては非常に有効ですが、ここで私が紹介したいのは**「知性とバカの対比」**。

「知性の文章」と「バカの文章」を使い分けることで緩急のある文章を作り出し、読者の意識を本当に伝えたい箇所に集中させることができます。

実際の文章で説明しましょう。

私が好きなアイドルグループの一組にSixTONESがいるのですが、彼らが2024年1月にリリースした楽曲『君がいない』について書いた文章が以下です。

ダウナーなベースのリフと同時にジェシーの特大フェイクから間髪入れず松村北斗の溜息そしてまたベースが絡んだと思った瞬間に再び狂ったかのようなフェイクそして想いの全てを掻き消すような松村北斗の咳払いを皮切りに始まるのだがここがあまりに素晴らしくこれをフルで聴くためならどれだけ金を払っても良いそう思わせられるイントロだった。この印象的なリフは曲の全編にわたってループされており「声すら楽器の一部」と言わんばかりに隙間隙間に6人の声のフェイクが入ることで同じフレーズでも1小節ごとにまるで違った聴こえ方になるのだ。これは野球で言えば常に150キロの球速のストレートを投げているように見せかけてその全ての投球フォームが微妙に違うのと同じである。つまりその全てが「同じなのに違う」聴き手は何度聴いても耳が慣れることなく毎回初聴のような感覚に陥り曲が終わる頃には確実に聴いた人間の脳にこのメロディがインプットされるように仕組まれている我々は言わば

SixTONESという名の大きな渦の中に巻き込まれた沈没船だったのだ。そもそもヒップホップにループの概念を最初に刻んだのは1973年およそ50年前ジャマイカ出身のDJクール・ハークがニューヨークのブロンクスにあるアパートで開かれたホームパーティー中に2つのターンテーブルとミキサーでR&Bとファンク・ミュージックをかけながら曲のブレーク部分を無限にループさせ人々を熱狂させたのが始まりで、つまり

「やっっっぱ。」

というイントロから始まり、そこから

「ありきたりなLazy Morning
何気ない日々にイラつき
Boring, Boringって
寝ぼけた頭コーヒーで覚ませば

「嗚呼、
君がいない
君がいない」
のフレーズがめちゃくちゃヤバかった。特に「コーヒー」を全員なぜか
「カッフィ」
と発音しており、この中毒性がめちゃくちゃ、マジでめちゃくちゃヤバかった。

――kansou「SixTONES『君がいない』の「カッフィ」が、もう一生頭から離れられない」より

前半のまるで音楽有識者のような専門用語や歴史的背景を用いた長文からの「やっっっぱ。」「めちゃくちゃヤバかった」というＩＱ２の感想への「落差」。

ここで注目してもらいたいのは、**前半の文章は最悪「1文字も読まれなくていい」**ということです。

ここまでの文章で私が伝えたかったことは「イントロがヤバい」「フレーズの中毒性がヤバい」の２つだけ。そのために前半の句読点のほぼない、気色が悪いほどに読みにくい長文を**「フリ」**に使っています。

つまり、**あえて読者の目を泳がせることで、本当に伝えたい箇所を明確にし、短文で落とす。**そうすることで「なんかよくわからんけどすごそうだから１回聴いてみるか」という動線が生まれます。

「知性の文章」のポイントとしては、

1 しゃらくさい横文字を多用する
2 外国の偉人の理論や言葉を引用する
3 「～なのだ」「～である」と断定口調で文章を締める

この3つを意識することで、グッとIQの高い文章を作ることができます。

ただ、この手法を使うときに注意すべき点は、**「ある程度はその知識を学んでおく必要があること」**です。横文字や引用する理論は決して適当であってはいけません。

知性のある文章にしっかりとした説得力を持たせられるからこそ、「バカの文章」が際立ちます。

文章、ひいてはビジネスとは常にブランディングを意識しユーザーにパーソナライズされたものをファクトベースでアウトリーチしアジャストすることがブルーオーシャン戦略の重要なアセットとなっていくのである。時にはアンモラルなイクスプレッションを多用することでディスラプティブ・イノベーション、つまりデストロイ・リストラクションが実現されるとハーバード・ビジネス・スクールの教授で『イノベーションのジレンマ』の著者クレイトン・クリステンセンが提唱しており、故に文章術とはマイヘッドインフォメーションを、ライティングにトランスレーションすること。コンピケイドにインタートゥワインしたインフォメーションをオールザットにアンダースタンディングなワードにトランスレーションしていく、それがライティングの

は？

文章にこだわりを持つ①
文章速度

「文章速度」を上げて臨場感を演出する

第1章で「誰が書いたか」より「何を書いたか」という話をしましたが、その上で自分なりの「こだわり」を持つことはとても大事です。

黒色の絵の具に他のどんな色の絵の具を混ぜても必ず黒が残るように、**「ここだけは譲れないこだわり」をひとつ持っておくことで、どんな文体で書いても自分の色はどこかに出てきます。**

もちろん私も、絶対に決めている「こだわり」があります。

例えば、**老人のことは「ジジイ」「ババア」と書く。**常人の文章であれば「おじいさん」「おばあさん」と書くのが絶対に正しいでしょう。日常生活で老人を「ジジイ」「ババア」と呼ぶような人間の精神は確実にまともではない。

しかし、「ジジイ」「ババア」と書くことで文章のスピード、すなわち**「文章速度」が格段に加速する**ことは紛れもない事実。私ほど老人を愛してる人間はいない。私こそが「敬老の鬼」。しかし、ブログ上では心を殺して「あえて」乱暴な言い回しをしています。

例えば、

「昨日、電車に乗りながらスマートフォンで電子書籍を読んでいたら、知らないおじいさんにいきなり『スマホばっかり見るんじゃない！　目が悪くなるぞ！』と言われて、ものすごく腹が立って悲しい気持ちになった」

という出来事を書くとき、

「昨日、電車乗りながらスマホで電子書籍読んでたら知らんジジイにいきなり『スマホばっかり見るんじゃない！　目が悪くなるぞ！』とか言われてマジでハラワタ煮えくり返って『テメェの頭が悪いだろ地獄落ちろ』と思って脳内でジャーマンスープレックスかました」

と書きます。

「おじいさん」ではなく「ジジイ」と書くことで、伝えたい「怒り」「悲しみ」「憎しみ」の感情がダイレクトに伝わってくるのがハッキリとわかります。

なぜなら、老人に注意された瞬間の筆者の心情は確実に「おじいさん」ではなく「ジジイ」だから。**このようなこだわりを持つことで文章の「速度」が格段に上がってくるのです。**

私が過去に書いた「雪かきしてたら鹿賀丈史みたいな顔したババアにキレられた」日記を紹介します。

数年前、雪かきしてたら近所に住んでる俳優の鹿賀丈史みたいな顔したババアが血相変えて、

「ちょっと！　そこに雪投げたらダメでしょ！」

とか怒鳴り散らしてきて、道の邪魔にならないように電柱の陰んとこに投げてた雪指して「そこはウチの敷地だから！　もっと右側に投げなさい！」つってていきなりまくし立てられ、別件ですでにイライラしていた俺は怒りのあまり、

「は？　いきなりなんだババア？　投げなさいだ？　言い方があるだろうがボケ。こんな大雪でどこが道かもわかんねぇのに敷地もクソもあるかよ、つーかお前らの家の奴ら誰も雪かきやらねぇじゃねぇか。やらねぇくせに文句言っ

てんなネット民かお前？　同じ土俵上がってから言えや。そもそもこっちはむしろお前の家の前とかも雪かきしてんだからなそれわかってんのか？　通り道じゃなかったら死んでもやってねぇからな。いい加減にしねぇとやったんぞババア？」

という憎悪の意味を込め、めちゃくちゃ煽り顔で一言「すぃませぇんでしたぁ」と言って雪をどかした。これがババアと俺の戦いの始まりでした。

それから毎年冬になると、雪かきしてる俺をババアはその「老の眼（ババア・アイ）」で必ず見つけ「やり方が雑」だの「あっちもやれ」だの「そこの雪がまだ残ってる」だのと、いいようにこき使いやがる。めちゃくちゃ勝手なババア。

それでもババアは一応ババア、もともとババアっ子だった俺はババアのギアスにどうしても逆らうことができない。ババアーシュ・ランペルージ。ろくに言い返すこともできず、ただただババアに言われるがままに雪をかき続けるしかありませんでした。

このクソババアが、俺はお前専用除雪機じゃねぇ。いつか、いつかお前を雪だるまにして埋めてやっからな？　覚悟しとけよババア…

そして、また今年もこの季節がやってきた。先日も積もった雪をスコップで投げてると案の定ババアがいつもの鹿賀丈史の顔面で近づいてきた。出やがったなババア、今日はなにを言ってくんのか、内容によっちゃあいよいよババアに雪ぶっかけるかもしれねぇ。上等だよ、ここがてめぇの墓場だ。なんの用だ？　ババア？

「ちょっと、いい？」
「はあ」
「…悪いわね…雪かきさせちゃって」
「バ…ババア…？」

「ウチはもう子供も出ていって、旦那もあたしも腰悪いもんだから、雪かきできる人がいないのよ…」

「…」

「でもアンタが毎年やってくれるから、ついそれに甘えちゃって…ズルい年寄りでしょ…？　あたし…」

「い、いや…そんなこと…」

「でも」

「？」

「あたし口悪いから伝わんないかもしれないけど、スゴイ感謝してんのよ…」

「ババア…」

「アンタさえよかったら…これからも雪かきお願いできる…？」

「も…もちろん…」

「良かった…ありがとうね」

「いや…そんな全然」

「…これ終わったら飲みなさい」

「えっ？　ババアこれって」
缶おしるこを手渡すババア
「じゃあ悪いんだけど今日もよろしくね」
そう言って、ババアインザハウス
「ババア……」

ババア…そんなふうに思ってくれてたのか…雪かき…？　当たり前じゃんかよ…力仕事は若いやつのするもんだろ…ババア…

ババア…ババア…俺……

おしるこ大ッッッキライなんだよォァアア！！　ババァアアアアアア！！！

幸せに死ね！！！

――kansou「雪かきしてたら鹿賀丈史みたいな顔したババアにキレられた」より

この文章では計「28回」もの「ババア」が使われているのですが、私はこれを意識して書いています。**ババアを1回積み重ねるごとに文章の速度がおよそ1km上がり、臨場感がより読者に伝わります。**これを仮に「鹿賀丈史みたいなおばあさん」と書くと一気に文章のスピード感が落ち、たちまち日本昔ばなしのような「ノロマ文章」になってしまう。

そうでなく、これを「一人の人間が現代で体験した話」としてのドライブ感を出すなら「ジジイ」「ババア」と書くのは鉄則。

そう、「ジジイ」「ババア」を制するものは文章を制すると言っても過言ではありません。

また、前出の文章を見てもわかるとおり**「てにをは」をなるべく排除する**ようにしています。

1「電子書籍を読んでいたら」
2「電子書籍読んでたら」

どちらがより「話し言葉」に近いのかは一目瞭然です。ビジネスの場などでは**1**の文章が正解ですが、**必ずしも正解の文章が「読まれる文章」だとは限りません。**「自分の中にある情熱と冷静をコントロールする」でも述べましたが、「ネット上の文章」においては「まるで話をしているかのように文章を書く」ことが群雄割拠の文章戦線を勝ち抜く上で大きなアドバンテージになります。

韻数分解を習慣にして文章速度を上げる

もうひとつ、文章速度を上げるために意識してほしいのが**「韻」**です。ヒップポップでは当たり前に使われている技法で、発音が同じ字句を一定の位置に配置することを「韻を踏む」といいます。

韻は大きく分けて「頭韻《とういん》」「脚韻《きゃくいん》」「母韻《ぼいん》」「子韻《しいん》」の4種類があります。

◎頭韻…言葉の始まりを同じ発音になるように揃える
◎脚韻…言葉の終わりを同じ発音になるように揃える
◎母韻…言葉の中の母音（aiueo）の並びを揃える
◎子韻…言葉の中の子音の並びを揃える

文章でも韻を踏むことでリズム感が良くなり、文章速度が飛躍的に向上します。一例を紹介しましょう。

私は大の耳掃除好き、いや耳掃除狂いなのですが、テレビで「耳掃除は耳の外側を2週間に一度くらい綿棒でそっと拭き取る程度でいいでしょう」と耳鼻科医が話しており、私は怒りのあまりこう思いました。

なにが「拭き取る程度でいいでしょう」だ水曜どうでしょうみたいに言うな。
2週間も耳放置しろって言ってんのか？　正気か？

「拭き取る程度でいいでしょう」（u i o u e i o e i i e o u）
「水曜どうでしょう」（u i o u o u e o u）

「言うな」（i u a）
「2週間」（i u u a）
「耳放置しろ」（i i o u i i o）
「放置」（o u i）
「正気」（o u i）

と、短い文章でこれだけの韻を踏んでいます。ポイントは普段から「耳掃除はｉｉｏｕｉだから、日曜日（ｉｉｏｕｉ）、意思表示（ｉｉｏｕｉ）と踏めるな」と**「韻数分解」のクセをつける**ことです。そして文章を書くときは、実際に口に出して言ってみる。そうすることで、文章速度がどのくらいの速さなのか把握することができます。

文章とは音楽です。ぜひ「文章速度」を意識してみてください。

文章にこだわりを持つ②
視線誘導

「Z視点の法則」を意識し「Σ視点の法則」を避ける

また、もうひとつの強いこだわりとして私が実践しているのが、**「Z視点の法則」を意識し「Σ（シグマ）視点の法則」を避ける**です。

これは私が編み出した最強の文章法で、簡単に言えば、

「改行したときに一文字だけハミ出ないようにする」

ということ。

実際の文章を用いて解説します。

ファックスってゴミですよね。そもそも『紙不敗神話』みたいなの信じてる奴ら未だにいるけどなんなんだよアレ。なにが「紙でもらわないと不安」だよいい加減にしろよ。お前のその紙に対する絶対的な信頼はどこからくるんだよ。思念でピッ！　てやったら相手の脳内にシュッ！　って直で情報が届くようになる時代がすぐそこまで来てんのにいつまでファックスとか使ってんだよ。紙とか燃やしたら一発だろ。昔わけわかんねぇ取引先のジジイと電話してて、「口頭だと分かりにくいのでメールアドレスを紙に書いたファックスを送ってもらってもいいですか？」とか言ってきて、なにコイツやっば。逆にテクニカルすぎてなに言われてるか1ミリもわかんなかったんですけど？　な、なんて？　メールの？　アドレスを？　紙に書いて？　は？　それを？　ファックスしろ？　は？　もう頭おかしくなりそうだったけどやらねぇとラチあかねぇから唇噛みちぎりながら紙にメアド書いてファックスしてやったら上司から「おい、ちゃんとファックス届いたか確認の電話したか？」頭イカレてる？　ふ、ファックスがちゃんと届いたかどうかを確認するための電話？　えっ？　もしかして「ファックス」ってファックの複数形って意味のファックス？

——kansou「ファックス文化さっさと滅びろ」より

これは私が４年前に執筆した代表記事「ファックス文化さっさと滅びろ」の一部です（この記事がキッカケで仕事の依頼が急増、Ｘのトレンドに「ファックス」がランクイン、ファックス業界から苦情殺到など）。

おわかりでしょうか。

最後の段落で「ス？」だけが浮いてしまっている。この文章は読者心理の観点からすればとても良くない。通常、左から右へ、上から下へ、「Ｚ」の軌道を描いた文章を人は「美しい」と感じます。これを「Ｚ視点の法則」と言います。反対に文末に一文字だけ残ってしまうと眼球が文字を泳いでしまい「Σ」の軌道を描く。これが、人間が最も「醜い」と感じる文章「Σ視点の法則」です。

「Σ視点の法則」によって書かれた文章は書き手の想いが伝わるどころか、とてつもないストレスを与えます。**「Σ視点」の文章はハッキリ言ってウンコです。**

私はこの「Σ視点の法則」を徹底的に避けるため、常に文字量、句読点の有無、文体を意識し、加筆修正を行っています。

ファックスってゴミですよね。そもそも『紙不敗神話』みたいなの信じてる奴ら未だにいるけどなんなんだよアレ。なにが「紙でもらわないと不安」だよいい加減にしろよ。お前のその紙に対する絶対的な信頼はどこからくるんだよ。思念でピッ！　てやったら相手の脳内にシュッ！　って直で情報が届くようになる時代がすぐそこまで来てんのにいつまでファックスとか使ってんだよ。紙とか燃やしたら一発だろ。昔わけわかんねぇ取引先のジジイと電話してて、「口頭だと分かりにくいのでメールアドレスを紙に書いたファックスを送ってもらってもいいですか？」とか言ってきて、なにコイツやっば。逆にテクニカルすぎてなに言われてるか1ミリもわかんなかったんですけど？　な、なんて？　メールの？　アドレスを？　紙に書いて？　は？　それを？　ファックスしろ？　は？　もう頭おかしくなりそうだったけどやらねぇとラチあかねぇから唇噛みちぎりながら紙にメアド書いてファックスしてやったら上司から「おい、ちゃんとファックス届いたか確認の電話したか？」頭イカレてる？　ふ、ファックスがちゃんと届いたかどうかを確認するための電話？　え？　もしかして「ファックス」ってファック複数形って意味のファックス？

——kansou「ファックス文化さっさと滅びろ」より

先の文章を修正したものがこちらです。

おわかりでしょうか。

「えっ？　もしかして「ファックス」ってファックの複数形って意味のファックス？」を「え？　もしかして「ファックス」ってファック複数形って意味のファックス？」と修正することで、キレイに段落末で終わることができ「Σ視点の法則」が解除され、かつ完璧な「Z視点の法則」が適用されます。

すると、文章全体のリズム感、安定感が格段に増し、読者は自然と「良い文章を読んだ」と感じるのです。

また、「えっ？」を「え？」、「ファックの複数形」を「ファック複数形」とすることで、書き手のファックスに対する、苛立ち、憎悪がより読者に伝わります。

これが「心理の導き（マインド・トゥ・ザ・ウェイ）」です。

文章で「勝つ」には、心理を深く学び、捉え、捕まえ、閉じ込めることが非常に重要です。

それは読者の心だけでなく、時には「自分自身」の心すら欺き、騙し、愛し、そして愛される。「文章」とは読んで字のごとく「心を抱きしめる」こと。それを忘れてはいけません。

一つひとつは些細なことでも、こうした「こだわり」「テクニック」を積み重ねることで、自然とそれがそのまま自分の表現の特徴、ひいては個性になっていき、素晴らしい文章が作れるようになるのです。みなさんも文章を書くときには、自分だけのオリジナルのこだわりを見つけてください。

句読点、改行は添えるだけ

句読点はどこに打つかではなく、どこを削るか

ここまでも何度か触れましたが、「句読点」（「、」「。」）の使い分けと「改行」は速度のある文章を作る上ではとても重要です。

文章を書く上で誰もが句読点や改行を足しがちですが、ハッキリ言ってそれは全て「間違い」です。**句読点は「どこに打つか」ではなく「どこを削るか」**。

句読点を１回打つたび「文章速度」は「１ｋｍ」、改行１行ごとに「５ｋｍ」遅くなります。１０００文字に対し句読点が全体の１／10以上ある文章のページ離脱率は「通常の３倍」にも跳ね上がります（私調べ）。

「確証バイアス」という言葉をご存じでしょうか。

これは自分の思い込みや願望を強化する情報ばかりに目が行き、そうではな

い情報は軽視してしまう傾向のことを指します。

つまり、**人間は「自分が読みたい文字」しか読んでいない。**壊れるほど文章を書いても1／3も伝わらない生まれながらのシャムシェイド。**それならば逆にそれを利用してしまえばいいのです。**

読者に対して多少の読みづらさを与えたとしても、「ここだけは絶対に読ませたいポイント」は逃さない。私はそのためだけに「添える」ような気持ちで「句読点」と「改行」を使っています。

私が4年前に執筆した「人生初の飛行機ファーストクラスで天国と地獄を見た」という記事を用いて説明します。

これまで飛行機に乗ってきて一度だってCAと目が合ったことなんてなかった…挨拶だって前の客の流れで俺だけいつもスルーされてきた…荷物だってこっちから言わないと荷物棚を開けてすらもらえない…そんな底辺クソ舐められ人間の俺に、、こんな、、天皇みたいな接客っっっっ……

シャッ!

おもむろにエコノミーとファーストとの間のカーテンを閉めるCA。もはやエコノミーからはファーストの姿を拝むことすらできない。完全に民と神。

――kansou「人生初の飛行機ファーストクラスで天国と地獄を見た」より

「これまで」から始まる心情部分は「…」と「、、、」を混在させて焦っている様子を表現しています。逆に「。」は意識的に使っていない。**「。」を使うことで、そこで読者の没入感が薄れてしまう**からです。心から興奮している人間は適切な位置に「。」など使いません。

逆に言えば**「興奮した」と書いているのに「、」や「。」をちゃんと打ってる文章は全て「嘘の文章」「感情の偽装文」です。**

話を戻しましょう。

さらに次の「シャッ！」だけで「改行」を使うことで、一気に文章の流れを切り、「俺の脳内」から現実世界に読者を引き戻します。

そして、CAの様子を詳細に描き、スムーズかつスピーディに話を展開させていく。この段落で「一番読ませたい部分」は実は最後の

「完全に民と神」

の部分。

「民」と「神」の韻（ａｉ）を思いついた時点で「勝った」と思いました。

ここを際立たせるために最初の段落で「底辺クソ舐められ人間」「天皇みたいな接客」とあえて過剰に自虐を加えてファーストクラスのすごさを表現しています。

結果として、この文章は一晩で２・９万リポスト、５・７万いいね、１００万以上のアクセスを叩き出しました。少しでも句読点・改行の参考になれば幸いです。

この世に無駄な句読点、改行はひとつもない

ところで、あなたは『花束みたいな恋をした』という映画をご存じでしょうか。

この映画は、菅田将暉演じる麦と、有村架純演じる絹の5年間の恋の始まりと終わりを描いた作品です。押井守、SMAP、『ゴールデンカムイ』『ゼルダの伝説』など、多くの実在する固有名詞が登場することでも話題になりました。

この映画を観ていて疑問に思ったのが**「じゃあお前らは誰なんだよ」**という点です。

『花束みたいな恋をした』の世界が現実と地続きならば、この世界には菅田

将暉演じる麦と、有村架純演じる絹以外に「本物の菅田将暉と有村架純」がいることになります。

麦と絹は菅田将暉と有村架純に「激似」であり、もしこの映画が現実ならば2人は菅田将暉と有村架純を知った日から「俺（私）って菅田将暉（有村架純）じゃん？」という意識が生まれるはず。

しかし、2人は劇中でそんなそぶりは一切見せない。バーで麦（菅田将暉）が実写版『魔女の宅急便』の話をする男女を見て、「あなたたちか……この世に数々の実写版を生み出しているのは……」と怒るのですが私はこれを観て、「いや一番生み出してるのはお前だろ……」とドン引きしました。

つまり、麦（菅田将暉）と絹（有村架純）には

「自分が菅田将暉と有村架純である自覚がない」

イコール「この世界には菅田将暉も有村架純も存在しない」。すなわち、『花束みたいな恋をした』には菅田将暉と有村架純の代わりになる「菅田将暉みたいな男」「有村架純みたいな女」がいるということになるのです。

「菅田将暉みたいな男」が演じた実写版『銀魂』の志村新八に文句を言う麦（菅田将暉）、紅白歌合戦の司会をしている「有村架純みたいな女」を観る絹（有村架純）というシチュエーションが存在することになります。

これを踏まえると映画『花束みたいな恋をした』の世界の中に映画『花束みたいな恋をした』みたいな映画が存在することになる。つまり映画『花束みたいな恋をした』の中の麦（菅田将暉みたいな男）と絹（有村架純みたいな女）を観ている麦（菅田将暉）と絹（有村架純）の世界の中にも映画『花束みたいな恋をしたみたいな花束みたいな恋をした』が存在し、その中の麦（菅田将暉みたいな男）と絹（有村架純みたいな女）が観ている麦（菅田将暉みたいな男みたいな男）と絹（有村架純みたいな女みたいな女）が主演の映画『花束みたいな恋をしたみたいな花束みたいな恋をしたみたいな花束みたいな恋をした』が存在することになる……。

ついてこれているでしょうか、ここからが本題です。

『花束みたいな恋をした』が限りなく「現実に近い世界」であるならば、この映画の中にも確実に「私」という人間は存在するのです。

映画の中で生きる「私みたいな私」がいて、その人物は確実に私と同じ日に「菅田将暉みたいな男」と「有村架純みたいな女」が主演の映画『花束みたいな恋をしたみたいな花束みたいな恋をした』を観ている……そして「私みたいな私」が観た映画『花束みたいな恋をしたみたいな花束みたいな恋をした』の中にも「私みたいな私みたいな私」が存在し彼もまた私みたいな私と同じ日に「菅田将暉みたいな男みたいな男」と「有村架純みたいな女みたいな女」が主演の映画

『花束みたいな恋をした』を観ており「私みたいな私みたいな私」が観ている映画『花束みたいな恋をしたみたいな恋をしたみたいな花束みたいな恋をした』の中にも「私みたいな私みたいな私」が存在し彼もまた私と私みたいな私と私みたいな私みたいな私と同じ日に「菅田将暉みたいな男みたいな男みたいな男」と「有村架純みたいな女みたいな女みたいな女」が主演の映画『花束みたいな恋をしたみたいな花束みたいな恋をしたみたいな花束みたいな恋をしたみたいな花束みたいな恋をした』を観ている。

すなわち映画『花束みたいな恋をした』を観たその瞬間から人は永遠に終わることのない『花束みたいな恋をした』の円環に囚われ人は『花束みたいな恋をした』から逃れることは絶対にできないという「真理」が生まれ、その真理の中心には『花束みたいな恋をした』を作り出した

「坂元裕二」

がいる……つまり、坂元裕二こそがこの世界の〝創造主〟であるということの証明……。

いや、しかし『花束みたいな恋をした』の世界の中にある映画『花束みたいな恋をした』を作った「坂元裕二みたいな男」も確実に存在し……すなわち創造主である坂元裕二もまた『花束みたいな恋をした』の円環の一部にすぎず……つまり……

は？

……この文章は句読点と改行を「段階的」に減らしています。

まず、作品の説明と導入部分は、適切な位置に句読点と改行を入れて、誰もが読みやすい文章を作っています。

しかし中盤、話が展開するにしたがって徐々に句読点と改行を減らしていき、私の混乱と読者の混乱をリンクさせていきます。

後半では、改行と句読点を限りなくゼロにする。そうすることで、書いてある内容が一切理解できなくても「とにかく筆者（私）が混乱している」ということが、読者にも確実に理解できるはずです。

そして終盤、この映画を作り出した「坂元裕二の恐ろしさ」を演出するためにあえて、

「坂元裕二」

だけを単独で改行させせました。

この結果、読者の脳内には「坂元裕二」という4文字が永遠に深く刻まれることでしょう。

このように、極めれば「何を伝えたいか」を思い通りに書けるようになるのが句読点、改行です。**この世に、ひとつも無駄な句読点、改行はない**のです。

1000文字の中の「10文字」を確実に刺す文章を常に、意、識。す・ることが。「kansou」へ、の道、で、す。参考に、な、れば。幸、いです。

"KOUSEI"DE DOKUSHA NO
ME WO ATSUMERU

第 5 章

「構成」で読者の目を集める

タイトルに命を懸ける

個人がSEO対策に本気を出すのは公園のジジイが今から野球を始めて大谷翔平になるのと同じ

そもそも大前提としてインターネット上の文章は**「誰にも読まれないし、誰もお前を知らない」**のが基本です。

例えば個人でブログを立ち上げて文章を書き始めても、しばらくは本当に誰にも読まれません。最初は1日のアクセス数が5、そのうち3が自分であとはロボみたいなことは当たり前です。

そんな状態でSNSにリンクを貼っても誰にもクリックされませんし、検索で引っかかるなどもってのほか。Xのトレンドはインプレゾンビによって汚染され、いくらハッシュタグをつけてつぶやいてもどこにも届きません。アラビア語でリプライがつくだけ。ネット上の書き込みのことを「便所の落書き」とはよく言ったものですが、現在はマジで「家の便所の落書き」です。

ごく稀にどこの誰が書いたかもわからない文章が何百万と読まれる奇跡もありますが、ほぼ「タイミング」と「運」です。0フォロワーの人が最初に書いた文章がバズって読まれるのは、コナンと金田一の両方が泊まっているホテルで一晩生き残るくらいハードモード。鬼バズ文章のその下には、何億、何兆という誰にも読まれずに消えていった蜘蛛の糸に群がる罪人たちがいる。

とはいえ、罪人たちにもできることはあります。それは**「タイトル」**です。

「どれだけ文章を書いても全然ブログが読まれません！」と悩んでいる人は**「タイトルを舐めている」**場合が非常に多い。

日記なら「○月○日」だけ、感想なら「○○感想」「○○を観て」で終わっている人がほとんどです。

ハナから誰にも読ませるつもりがない、自分の家族と友達だけが読んでくれればいい、もしくはあなたが辻希美か市川海老蔵（現：團十郎白猿）ならばこれで正解ですが、少しでも不特定多数の他人に読ませたいと思っているのであれば**「なにがなんでもクリックさせてやるからなオラ」くらいの気概を持ってタイトルを付けましょう。**

「いいタイトルの付け方」としてよく重視されるのが「SEO（検索エンジン最適化）」です。

「検索結果において特定のWebサイトが表示される順位を上げる」ことを指す言葉で、ほぼ全てのサイトはこれに命を懸けていると言っても過言ではありません。

SEO対策としてよく挙げられるのが「文字数」です。基本的に推奨される文字数は「28文字〜長くても36文字以内」といわれています。

これは、パソコンまたはスマートフォンでのGoogle検索結果のタイトルリンクが表示される最大文字数がこの範囲内だからです。

また、タイトルの言葉選びもユーザーに明確でわかりやすい言葉にするのが良いといわれています。

例えば「動物園」に行ったときのことを文章にするのなら、

「動物園に行ったときのこと」

というシンプルなタイトルではなく、

「動物園の見どころやお役立ち情報、グルメ、アクセス方法を一挙紹介！」

と、前述した文字数ギリギリまでヒマワリの種を頰張るハム公のように詰め込むことにより、ロボット型検索エンジン（世界中のＷｅｂサイト情報を自動的に収集し、ユーザーが検索したキーワードを基に適切だと判断されたものを検索結果として表示する仕組み）に見つけてもらいやすくなるのです。

他にもSEOを意識したタイトルの付け方として

- 検索キーワードを含める
- 重要なキーワードは前半に入れる
- 記事の内容がすぐわかるタイトルにする
- ユーザーのニーズ（検索意図）に合うタイトルを付ける
- 具体的な数字を含める
- 記号を使って読みやすくする
- ユーザーが使う言葉を意識する

のようなポイントが挙げられます。

しかし、**私はSEOにこだわる必要は全くない**と考えています。

なぜなら、そんな小手先のテクニックはその道の専門家がすでにやりつくしているからです。公園で鳩にエサをあげることだけが趣味のジジイが今から野球を始めて大谷翔平になれないように、素人がちょっとSEOをかじったところでインターネット狂人には到底追いつけないでしょう。

さらに現在のインターネットは、そう簡単に個人には辿り着けない「魔境」へと変化しました。

何かの作品の感想を検索しても、表示されるのは公式サイトや企業サイト、ニュースサイトばかり。映画の感想を調べれば動画配信サービスへ誘導するアフィカスサイトに、漫画の感想を調べれば漫画アプリへ誘導するアフィカスサイトに、有名人を調べれば「住所は？　結婚してる？　彼女は？」のクソウンコゲボアフィカスサイトに飛ばされてしまう。ただの個人ブログは、風の前の塵の如く吹き飛ばされてしまいます。インターネットとは「おいでよアフィカスの森」なのです。

絶対に自分しか使わないキモい言葉を探す

そこで私が考えたのが**「＋キモい言葉」**です。

個人のブログが「感想」「おすすめ」だけで表示されないのなら、**絶対に自分しか使わないキモい言葉を組み合わせてタイトルを作り上げる。**以下は、私が書いた記事のタイトルの一部です。

- 『実写版ワンピース』のゾロとナミ、俺が高校生のときブックオフで読んだ同人誌
- Official 髭男 dism 新曲『SOULSOUP』は無限替え玉曲です助けてください
- 風間俊介に踏まれる死体になりたい人生
- King Gnu 『):阿修羅:(』は、映画『首』と『すみっコぐらし』の同時上映
- 三浦大知新曲『Sheep』もはや「ヤクルト1兆」の睡眠導入曲

- 桜井和寿に「ミスチルって200色あんねん」と言われるアルバム『miss you』感想
- 「波瑠の顔したひろゆき」に「赤楚の顔した俺」が論破されるドラマ『こっち向いてよ向井くん』
- 米津と常田がモーニング娘。サンプリングしてチェンソーマンの曲作ったらミッドナイト息子。でした
- スピッツ『美しい鰭』があまりにも「灰原哀」で泣いた僕は光彦
- アニメ『オッドタクシー』がかいけつゾロリの皮かぶった宮部みゆき
- お土産界のガッキー「赤福」もらって人生に優勝した

「無限替え玉曲」「赤楚の顔した俺」「ミッドナイト息子。」などは、普通の記事のタイトルに使われるような言葉ではないでしょう。

検索エンジンではなく、例えばXで見かけたときにクリックしたくなるような「脳髄」に残る言葉を組み合わせてタイトルを作っていく。

私が文章を読ませたいのは、Googleでもロボット型検索エンジンでもない、血の通った一人の人間である「あなた」なのだから。

そして、皮肉にもこのタイトルの付け方はSEOに非常に有効でした。**SNSでシェアされた文章をロボット型検索エンジンは「良い文章」だと学習し、たとえ個人のブログやサイトであっても上位に表示されることがあるのです。**

その証拠に「実写ワンピース 同人誌」「波瑠 ひろゆき」「スピッツ 光彦」「ガッキー 赤福」と検索すると、一番上に私の記事が表示されます。誰がそのワードで検索するのかは知りませんが……。

また、個人のブログなど何記事も自分でタイトルを決められるときには**「同じ言葉を入れる」**のも有効な手です。私のブログでは「地獄」「逆○○」「発狂」などが使われているタイトルの記事が複数あるのですが、これは「あえて」です。

◎母さん、〝ずすきの〟は地獄サーキュレーションです
◎漫画とかアニメの話でいきなり「好きなキャラ誰！？　誰推し！？」って聞かれるの地獄
◎漫画『血の轍』がほぼスラムダンク山王戦の逆フルハウス
◎星野源の新曲『生命体』が1ミリも寝かせる気がない逆ポケモンスリープ
◎前の歌詞に次の歌詞が被ってきてカラオケで歌うとグダグダになって発狂する曲プレイリスト
◎【ネタバレ】藤井風のライブに行き、無事に才能に発狂

同じ言葉を繰り返すことで、読者にブログ名や記事のURLを見なくても「これはkansouの記事だ」と一瞬で理解させ、ブログ以外でもその言葉を目にしたときに自分を思い出してもらうキッカケになるのです。

タイトルというのは、一つの記事だけでは完成しません。これまで自分が歩

んできた人生がそのままタイトルとして現れるのです。ぜひ、あなただけの命を懸けた渾身のタイトルを読ませてください。

それでもタイトルに迷ってしまうこともあるでしょう。そんなとき、最も参考にしていただきたいのは「FANZA」です。

アダルトビデオのタイトルには、この世のSEO、ユーモアの全てが詰まっています。

◎お茶の間の将棋番組で聞き手の知的美人な女流アシスタントの着衣横パイ隆起がボイン過ぎて邪魔で肝心の駒が見えなくてどうにも気になって終盤の勝負所で三手詰めが読めません

◎長期入院中に隣のベッドにいた同年代のヤツと意気投合して我々互いに仕事も金も無くて似た者同士のダメ人間ですな～なんて自虐気味に笑って油断していたらヤツにはしれっと超美人なぷりケツ奥さんがいる事が判明して猛烈に嫉妬する

◎こんな狭い内風呂でまさかの混浴!?（男は僕ひとり）男ひとりで温泉旅行に来たけれど、楽しみにしていた露天風呂がまさかの緊急閉鎖! 仕方がないので内風呂に入ろうとしたら、まさかその内風呂が混浴に変更!? こんな狭い内風呂に、巨乳女子大生達が大量に入って来て大胆な格好ではしゃぎまくり。逆に気まずい僕は隅っこでションボリしていたら、周りを囲まれ襲われちゃいました!

これがタイトルを極めし者が辿り着いた「真のタイトル」。タイトルはこれくらい混沌（カオス）でいいのです。

摑みは読者の息の根を止めるつもりで

文章は「初速」が命

日記以外の「情報」を提供する記事を書く場合に最も大事なのが、スラムダンク安西先生の言葉「お前のために文章があるんじゃねぇ。文章のためにお前がいるんだ!!」の精神です。

「こんにちは！　ゆきりんごです！　私は最近ランニングにハマってます！　好きな音楽を聴きながら河川敷を走るのが気持ち良い～！　さて！　今回は私がおすすめする映画を紹介したいと思います！」

このようにたまに本題と全く関係ない謎の自己紹介から入る人がいますが、マジで今すぐやめてください。読んでる人の99・9%がこう思ってます。

「お前のことなんて知らねぇから早く情報よこせ」

自分のファンしか読まない日記なら自己紹介に需要はありますが、何かの感想記事やおすすめ記事で自己紹介は「無意味」。1行目で読者の心はすでに凍え死んでいる。

「今回はおすすめの映画○○を紹介します！」とすぐに本題に入ってください。いや、できればその一文すら削ったほうがいいです。

例えば、映画『THE FIRST SLAM DUNK』の記事であれば1行目から

「先日観たスラムダンクの映画が面白すぎて涙枯れ果てた。山王戦を映像化した時点でつまらないわけはないのだが想像を遥かに超えていて上映後閉館まで席立てなかった」

と、何について書いた記事なのか、どんな感想なのか、それを一瞬で読者に理解させる。

とにかく「初速」を意識してください。

これだけコンテンツが溢れている今、1分1秒が勝負です。トップミュージシャンですら「サブスクで聴かれるためにはイントロを削るしかない……」と頭を抱えてる令和の時代に文章なんか誰も読んでませんし、ましてやグダグダと自己紹介などしている暇はありません。

「どうも、ライターのタカヤンです！」

うるせぇ。

お前がタカヤンかどうかなど、誰も興味がないのです。**名前を名乗ったら覚えてもらえると思わないことです。**読者にとってお前のパーソナリティに使う脳のキャパは1グラムもない。**読者が知りたいのは、どんな商品なのか、どん**

な作品なのか、それだけです。人は、商品は、作品は、決して私たちが生み出したものではない。感想を書くだけのライターは、基本的に0から1を生み出すことができない愚者、感想とは他者と〝作品〟を繋ぐだけの「ハブ」、ということを強く意識してください。

タカヤンのような書き手になってしまうと、文末で「いかがでしたか?」「シェアしていただけると励みになります!」とか書くような人間になってしまいます。

先ほども書いたように、**全ては「読者がどう思うか」です。**いかがもクソもありません。自慢のライターでイカでも炙っててください。シェアするかどうかは読者が決めます。あなたの励みになろうが、なるまいが、どうでもいいのです。

しかも、タカヤンは一人称を「僕」「私」「俺」ではなく、ひらがなで「ぼく」と書き出します。本当にみっともないのでやめてください。一人称をひらがなで「ぼく」と言って許されるのは宇多田ヒカルのくまだけです。

また、タカヤンはてめぇ一人で運営しているブログやホームページで自分のことを「編集長」とか言い始めます。そんな一人しかいない体育館で「みんな〜〜〜〜！」と叫ぶような愚かな行為はやめてください。複数人編集に関わる人間がいてこその「長（おさ）」です。自分一人が書いた文章を自分が編集するのは当たり前です。すごいことのように言わないでください。みっともないです。

しかも、タカヤンは「サイト」じゃなく「個人Ｗｅｂメディア」とか言い出しますし、大した情報でもないのに「情報発信」「オピニオン記事」とか言いますし、Ｘのプロフィールで「月間３万ＰＶ達成！」「収益１万円超え！」とか石ころレベルの実績をまるでダイヤモンドのように掲げ始めます。フォロワー数千人で「インフルエンサー」とか名乗るのはやめてください。どこにもインフルエンスしてません。

これを読んでいる人には絶対に、ゆきりんご、タカヤンにはなってほしくない。ランサーズやクラウドワークスで雇われる1000文字100円のダイソーライターにだけはならないでください。

感想とは出会って4秒で合体

また、前章で「文章の3D」の話をしましたが、**感想は誰にどういう目的を持って書くかを決めておくと格段に書きやすさが上がります。**

1 作品を知らない人に向けて浅く書く
2 作品を知っている人に向けて浅く書く
3 作品を知らない人に向けて深く書く
4 作品を知っている人に向けて深く書く

この4パターンを元に文章を作っていきます。

1 3 の文章であれば最初は作品がどういう内容なのかを丁寧に説明し、2 4 の文章なら、あらすじや登場人物の説明などは極力省き、すぐに深い部分に触れます。

例えば、映画『THE FIRST SLAM DUNK』の感想記事であれば、記事の例文と書き方は次のようになります。

1 作品を知らない人に向けて浅く書く

例文：原作のバスケットボール漫画『SLAM DUNK』（集英社）を読んだことがない人でも楽しめる作品になっている。

書き方：作品自体がどういう内容なのか、わかりやすい言葉で簡潔に書く。

2 作品を知っている人に向けて浅く書く

例文：新しく描かれた宮城リョータのエピソードは感動したし、ラスト1

分の無音シーンは本当にすごかった。

書き方：映画の特定のシーンについて観た人が共感できるように、わかりやすい言葉で書く。

3　作品を知らない人に向けて深く書く

例文：原作のバスケットボール漫画『SLAM DUNK』でも一番人気のあるエピソードの湘北高校 vs 山王工業戦を、ポイントガードの宮城リョータというキャラクターにスポットライトを当てながら再構築していて、原作ファンも『SLAM DUNK』を読んだことがない人も楽しめる作りになっている。

書き方：作品の内容を詳細に説明しつつも、核心には触れずに書く。

4　作品を知っている人に向けて深く書く

例文：深津の「同じ2点だピョン」の映像化は本当に嬉しかった。ただ一個残念だったのが、ポールの「あの赤坊主がオレのジャージーをつかんだろーが!!」がカットされたのが惜しい。

書き方：ファンにしかわからないような固有名詞やシーンを入れて詳細に書く。

ターゲットと深さを明確にする

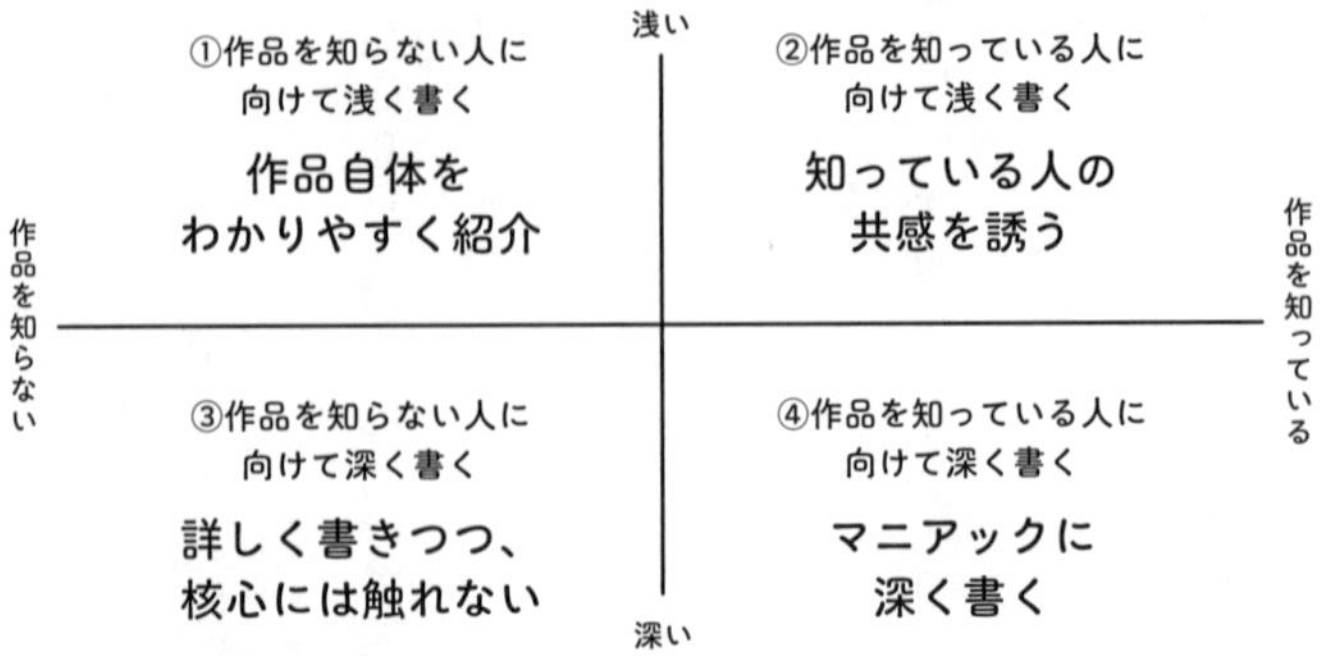

注意！　この4つは絶対に混在させてはならない！

最悪なのは、この4つが混在している文章です。

こっちは原作漫画を本が溶けるまで読み狂っていて、映画も週三でリピートするような狂ったガチ勢の感想を読みたいのに、どうも！　ライターのタカヤンです！

先日、ついに映画『ファースト・スラムダンク』を観てきました！
いや〜！　やっとです！　みなさんがご存じの通り、ぼくは、学生時代にマンガを読んでバスケを始めるほどのスラムダンク好きなので、あの伝説の山王戦が映画になる！　と知って最初は「だいじょぶか〜？」と心配だったのですが、さすが井上先生！

ファンも大納得の、最高の作品でした！　思い出しても涙が止まりません！
今回は、そんな『ファースト・スラムダンク』の感想を、たっぷりとお届けしたいと思います！　それではどうぞ！

・スラムダンクとは？

あらすじ

「神奈川県立湘北高校に入学した赤い髪の不良少年である桜木花道は中学時代に50人の女性から振られ続けた上、最後に振られた女性が『バスケ部の小田君』に好意を持っていたため、バスケットボールが大嫌いにな

死ね！！！！！！！！！！

左手は添えて死ね！！！！！！！！！！

と、怒りで画面を粉々に破壊し、お前の文章など二度と読むことはなくなってしまう。

人は知っていることをダラダラと書かれることに何よりも殺意を覚えます。殺されたくなければ、ターゲットを明確にした文章を書きましょう。

感想において前戯はいりません、出会って4秒で合体してください。その上で何年も何年も書き続けた者だけがようやく「自分」を手に入れられるのです。

「起承転結」の「承転」はシカトして「起結」と親友になる

起承転結には全く意味がない

文章の基本としてよく「起承転結」が挙げられますが、そもそも起承転結の成り立ちは「漢詩（絶句）の構成法」であり、**「文章における起承転結は全く意味がない」**という意見もあります。

Wikipediaの「起承転結」の項目に、このような批判が書かれていました（強調部分は著者によるもの）。

日本語学が専門で高崎経済大学助教授（当時。後に教授）の高松正毅は、起承転結について、**「こと説得を目的とする文章を作成するにあたっては極めて不適切で、ほとんど使いものにならない」**と主張しており、『起承転結』では、文章は書けない」と述べている。「起」「承」「転」「結」のそれぞれの機能の定義が明確でなく、各部分に含まれるべき文が曖昧であることを、高松は問題視する。高松はまた、起承転結が真に問題であるのは、それが「役に立たない」からではなく、思考に大きな影響を与えるためであるとする。すなわち、文章の論旨とは無関係のように見えることを「転」で突然言い出したり、論旨を「結」に書くために、可能な限り後のほうに記述しようとしたり、**文章の構成として絶対に認められない思考様式を定着させる**と、高松は主張している。

――起承転結 - Wikipedia より

高松先生ブチギレ。

起承転結にブチギレです。

ここまで無形物にキレている人間を私は見たことがありません。先生の意を汲むのであれば、

「金輪際あんなくだらないやつらと遊ぶのはやめなさい」

ということでしょう。

心境をたとえるなら、財閥を継がせるはずだった息子がヤンキーとつるみ始めた、といったところでしょうか。先生、心中お察しします。

そこで、私が息子さんを正気に戻すために提案したいのが**「起結」の考え方**です。「承転」は「全シカト」して、最初と最後だけに全力を注ぐ書き方。それを強く意識すれば、1000〜2000字くらいの文章は無限に書けます。簡単なことです。

◎起…どこに行き、何があったか
◎結…どう思ったか

この2つを先に決めて、その間を線で結ぶだけ。
例文を紹介します。

高校の友達の結婚式があって新郎新婦どっちもクラスメイトなんですが、両方「性のバケモン」で結婚式場にいた参列者ほとんど新郎or新婦と関係持ってて、新郎ハヤトの元カノ（クラスメイトでカオリとは親友）とか、新婦カオリの元セフレ（クラスメイトでハヤトとは幼馴染）とか普通に参加してて「いやお前らどんな顔して来てんの？」って思ってたら、なんかアホの顔して、

「え〜〜〜カオリぃぃ〜〜〜おめでと〜〜〜〜……！　わぁ〜〜〜超キレイ〜〜〜〜！　うぅ……泣きそう〜〜〜〜……」

「ありがとう〜〜……。サヤカのおかげだよ〜〜〜〜……」

とか

「ハヤト…おめでとな……まさかおめぇに先越されるとはなぁ……幸せになれよ…！」

「俺らの関係終わるわけじゃねぇからな…！　また飲み行くぞ…！」

どういうつもりでやってんのそれ？　イカレてんのかこいつら？　完全にサイコ。まず、入場でbank bandの『糸』流すな。なにが「縦の糸はあなた、横の糸は俺」だよグッチャグチャに糸絡まりあってるだろ。「縦の糸はハヤト、横の糸はケンジ、斜めの糸はユウキ」お前らの仕合わせた布の数ヤバいことになってるからな？　中島みゆきに土下寝しろ。

あとなんなんだよあのキショいスライドショーはよ。ＨＹの『３６６日』に合わせてしょうもねぇスライドショーやってんなよ。当時のクラスの仲間で肩組んでる写真見て愕然としたわ。写ってる（俺以外の）全員がカオリとヤッてるだろ。穴とヌキの女王かよ。誰にでもありのままの姿見せるなバカ。

「怖ィィィイイイくらぁぁああい！　覚えてるのぉ～～～～～！　あなたのニオイやぁああああああ！　しぐさや全てをぉぉオオ～～～！！」

お前らが怖ぇよ。「あなた」ってどのあなただ？「穴多」？

しかもなにが1番こわいって、田舎って親同士もだいたい同級生とかでめちゃくちゃ仲良いんだよ。だから子供の性事情、親にほぼほぼ「筒抜け」。完璧なる報連相。都会から引っ越してきた人間がもれなく死ぬタイプの村。

あの、すいません、お父さんお母さん、ぶっちゃけ、どう、思ってます？心からの祝福、贈れてます？ ハヤトの元カノの親と元々カノの親（両方カオリの友達）一緒のテーブルにしてんじゃねぇよホラーだろ。

なんなんだよお前らは。いいか？ 仮にお前らの関係性をドラマの相関図みたいに矢印引っぱってったらおっそろしいことになってるからな。良かったなぁ？ お前らの「釧路ラブストーリー」がドラマになってなくてよ？ ワンクールじゃ絶対に収拾つかねぇからな。高3のときハヤトが同じクラスで四股してたくだり映画化しろ。

もうワケわかんねぇんだよ。お前らの関係把握しきれねぇんだよ。HUNTER×HUNTERのキャラクター相関図並みに複雑なんだよ。カオリにいたっては、キュベレイのファンネルみたいに360度オールレンジにセックス矢印伸びてるのわかってんのか?

…そのなかで矢印全く繋がってない俺っていったい…カオリのファンネルに一発も当たってないんですけど…あの、お、俺は…?

カオリ…結婚…おめでとう…幸せにな…

――kansou「高校のクラスメイトの結婚式行ったら地獄だった」より

これは私が同級生の結婚式に参加して最悪だった出来事を「田舎のあるある」を用いて書いた文章です。

最初に次の2つだけを決めました。

1 起…高校の友達の結婚式があった。結婚式場にいた参列者のほとんどが新郎 or 新婦と関係を持ってた

2 結…その中で俺だけ肉体関係の矢印全く繋がってない。死にたい。でもおめでとうカオリ好きだったよ

まずは「起」で、エピソードの全体部分を把握させます。「摑みは読者の息の根を止めるつもりで」でも伝えましたが、文章は「摑みが命」です。初速を意識してください。

そして「結」の部分でしっかり落とす。ゴールを決めずに走るマラソンほど苦痛なものがないように「どこに向かって書くか」が定まっていない「結のない文章」ほど読んでいてキツいものはありません。

しかし、逆に**結論さえしっかりと決めてしまえば、そこに向けてどういう構成で書けばいいのかが鮮明になってくるので、その間のエピソードが無限に生まれ、バラエティ豊かな文章が完成します。**起結が面白そうなことをしていると、決まって承転は「何してんの〜？」と後ろをくっついてくるのです。

スタートとゴールに旗を立てて、ゴールに向かって書いていくだけ。これは日記だけでなく、感想を書くときも同じです。

1 起…観て、読んで、聴いて、どう思ったのか
2 結…何が一番言いたいのか

文章を書きたいのに何も書けない人の中には、この「どう思ったのか」「何が一番言いたいのか」を考える前に書き始めてしまうケースが非常に多い。

『ONE PIECE』で、ウソップが一味から抜け意気消沈するルフィにロロノ

「起結」を決めれば、「承転」は勝手についてくる

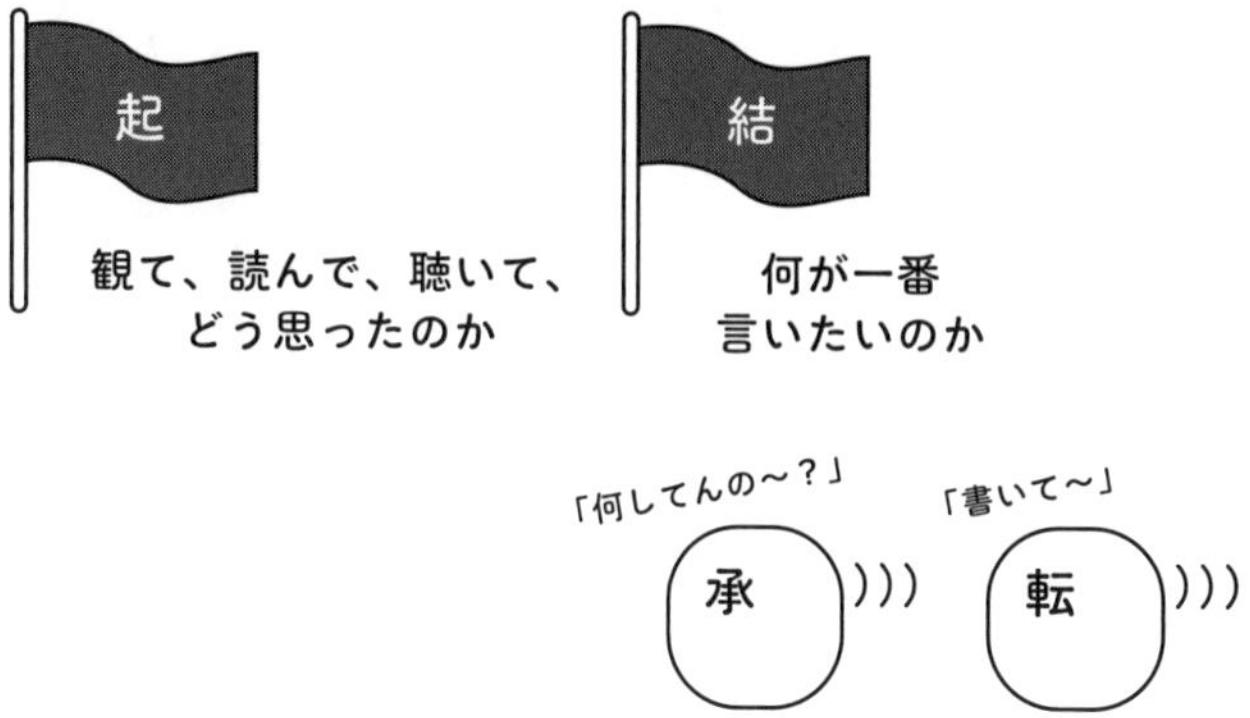

ア・ゾロは言いました。「迷うな　お前がフラフラしてやがったら　おれ達は誰を信じりゃいいんだよ!!!」と。それと同じです。何が言いたいのかわからずフラフラ迷子になっている人間の文章が誰の心を打つのでしょうか。

「結」が生まれないなら文章なんて書くな

「起結」の考え方は、作品などの「感想」を書く上でも同じです。

『silent』というドラマをご存じでしょうか。「若年発症型両側性感音難聴」になってしまった想（目黒蓮）と紬（川口春奈）の恋愛、そして2人を取り巻くさまざまな人間関係を描いたドラマなのですが、私は想の親友そして紬の彼氏として登場する「湊斗（鈴鹿央士）」にものすごく肩入れしていました。湊斗に対する思いを綴った文章がこちらです。

ドラマ『silent』の湊斗を救いたい。

その前にまず、湊斗に対して、心からの「謝罪」をしたい。①

『silent』第3話を観終わるまで、湊斗のことをそこらの有象無象の男どもと一緒にしてしまったこと、「お迎え」とか言っちゃうそのテメェの可愛さを完全に理解したあざと過ぎる言動や優しさ隠れ蓑にして欲望隠そうとしているその煮え切らない態度に「なんじゃお前？？？　濡れアルパカか？」とキレてしまったこと、「ファミレスでのお前めっちゃ坂元裕二ドラマのキャラっぽいな」と思ってしまったこと、そんな湊斗のアダ名を「検索くん」か「逆Siri」のどっちにするかに迷っていたこと、全ての無礼を謝りたい。

その上で、俺は本気で湊斗を救いたいと思ってます。数年ぶりに突然再会した元彼に彼女を奪われる嫉妬心よりも親友の病気を受け入れることができない、その真っ直ぐ過ぎる気持ちが俺の心を貫いた。こんな世界があるからいけねぇんだ、湊斗が幸せになれない世界なんて俺が全部ブッ壊してやる、心からそう思った。そして俺はいま、湊斗のためになにができるのだろうか…

湊斗のことを思えば思うほど公式の

「15周年の節目、川口春奈さんフジ連ドラ初主演！　共演はフジ連ドラ初出演となる目黒蓮さん（Snow Man）！　音のない世界で再び出会った二人が織り成す、切なくも温かいラブストーリー。」

の文章にジワジワとムカついてる。少しは湊斗の気持ちも考えてほしい。湊斗が読んだらどう思う…？「えっ俺別れるの決定なんすか…？」ってなるだろうがよ？

…音のない世界で再び出会った二人が織うるせェエエエ！！！！　なにお前らだけの世界入ってんだ？　この物語は完全に「三人」が織り成してるだろ勝手に二人で織り成すな。てゆうか「織り成す」ってなに？　普段生活してて一回も「織り成す」とか言ったことないんですけど？　あーなんかもう『silent』のフォントにすら腹立ってきた。なんじゃこのフニャフニャした字体？　読みにくいんだよ創英角ゴシックで書け。

こういう時こそお得意の「スピンオフドラマ」やれよ。今までおちゃらけ激安恋愛ドラマでさんざん脇役のサイドストーリー流しておいてこういうガチドラマではいっさいの余白を見せようとしない、本当になんなんですか？

なんだ？　フジテレビに湊斗の味方は一人もいねぇのか…？　今すぐに湊斗主演の湊斗の笑顔だけを集めた湊斗のためのドラマ『minato』を1年間毎日放送しろ。

そもそも湊斗はなんの仕事をしてるんですか？　いっつも退勤早くね？　休みの日の趣味は？　家族構成は？　好きな映画は？　アニメは？　音楽は？　食べ物は？

俺は湊斗のことをなにも知らない…湊斗は紬の話しかしねぇからだ。俺には湊斗がいま自分を大事にしてるとはとても思えない…紬の幸せが湊斗の幸せだって勘違いしてねぇか？

違うぞ、お前自身が幸せにならないと意味ないいんだよ。ちゃんとゴハン食べてるか…？　ちゃんと寝てるか…？

ずっと考えてる…湊斗にとっての「救い」とはいったいなんなのか…湊斗が幸せになるにはどうしたらいいのか…

（中略）

湊斗におすすめの動画を紹介する②

これです。俺が湊斗にしてやれること、それは湊斗が少しでも笑顔になるような動画をいっぱい紹介する、それのみ…検索して…？

「ボンジョビ 地下鉄 おじさん」

「ハッピーセット ハチャメチャ」

「カレーパンマン 踊れない」
「アルコ&ピース平子 剛力ダンス」
「コブクロ 国歌」
「なかやまきんに君アナウンサー」
「プロレス コラコラ問答」
「将棋 お姉さん」
「のど自慢 神回」
「宇野 エラー」
「オリラジ 喧嘩 ラジオ」
「古武術式 縮地」
「スマブラ 海外の反応」
「ジャイアン 首とれる」
「タイヤマルゼン ヤマダ電機」
「尿路結石 仕組み」

……かわいいの出てくるから……それ見て待ってて……③

——kansou「俺はドラマ『silent』の湊斗を救いたい」より

説明します。まずは「起」。

ドラマ『silent』の湊斗を救いたい。

その前にまず、湊斗に対して、心からの「謝罪」をしたい。①

で、この文章がこれから何を書こうとしているのかを読者に完璧に伝えます。

日記を書くときと同じです。**余計な情報は削り、文章の全容を把握させます。**

ダラダラとあらすじなどは書きません。これは「ドラマを観ている人に向けた文章」だからです。初見の人にも伝わるように書くのか、それともすでに作品を楽しんでいる人に向けて書くのか、それを最初に決めます。

そして「結」。

湊斗におすすめの動画を紹介する②から「動画のタイトルの羅列」、そしてラストの一文

…かわいいの出てくるから…それ見て待ってて…③

この言葉は作中の湊斗のセリフです。落ち込んでいる紬に「この電話切ったら動画検索して。『パンダ　落ちる』って。かわいいの出てくるから、それ見て待ってて」と声をかけ、気を紛らわせてあげる場面があるのですが、私はこのセリフをドラマで聞いたとき「絶対にこのセリフをオチに使った文章を書き

たい」と考えました。それも、「湊斗に対してこのセリフを使いたい」と思ったのです。

結…「…かわいいの出てくるから…それ見て待ってて…」を湊斗に言ってあげたい。

↓それはなぜか？　湊斗がかわいそうだから。

起…ドラマ『silent』の湊斗を救いたい。

↓承転…その理由は？　何があった？　湊斗の良いところは？　湊斗ってどんな人間？　そもそもこのドラマは湊斗に冷たすぎないか？　俺はそんな湊斗に何をしてやれる？　湊斗におすすめの動画は？

何を一番書きたいのか。そして一番書きたいことのために、どうやって文章を組み立てていけばいいのか。「起結」さえ決まれば全てが解決します。

逆に言えば**「どう思ったか」「何が一番言いたいのか」が生まれなければ、文章など無理に書く必要はありません。**だって心が動いてないのだから。**書くことがないなら書かなくていい。感想を書くために何かを観たり聴いたりするようになったら終わりです。**

文章とは、書こうと思って書くものではなく「書かねば」という衝動によって書かされてしまうものなのです。

「真の推敲」とは脳汁が出る文章にすること

欠点こそが長所を引き立たせる魅力

最後に「推敲」について少しお伝えしたいと思います。Googleで「推敲　コツ」と検索すると、次のような内容が出てきました。

1　結論から伝える
2　見出しごとに伝えたいことを明確にする
3　一文は長すぎず短すぎず
4　難しい言葉を使わない
5　不要な表現は全て削る
6　同じ言葉や表現をなくす
7　箇条書きや表などを活用する
8　接続詞・接続助詞は適切に使う

9　漢字とひらがなのバランスを意識する
10　括弧《かっこ》を種類ごとに使い分ける

全て無視してください。そんなもんは**「場合による」**からです。
「長すぎる一文」「難しい言葉」「不要な表現」「同じ言葉」……ここまでさんざん説明しましたが、文章によってはそれこそが魅力になります。

この世に完璧な人間が一人もいないように、完璧な文章などありません。
『美少女戦士セーラームーン』をご存じでしょうか。主人公の月野うさぎは、ドジでおっちょこちょいで勉強もできない子ですが、友達を思いやる気持ちや家族を大事にする気持ちは誰よりも強く持っています。もし彼女が遅刻もしない、転ばない、成績優秀な子だったなら『美少女戦士セーラームーン』はここまで人気作品にはなっていなかったはずです。

つまり、**欠点こそが長所をさらに引き立たせる魅力になる。文章も同じです。**

理路整然とした美しい文章の中に滅茶苦茶な誤字脱字、意味不明な言い回し、アホな言葉が出てきたとき、私は言い知れぬ興奮を覚えます。

「真の推敲」とは「読んでいて自分の脳汁が出るかどうか」、つまり自分が面白いと思える文章にすることです。「読者目線で」「他人の気持ちで」と、この本でも何度か言いましたが、本当の意味で他人の気持ちなどわかるはずがありません。自分はどう足掻いても自分でしかないのですから。

気になるなら先の10項目通りに直せばいいし、そのままでいいと思うならそのままでいい。**誤字脱字があろうが、「てにをは」が間違ってようが、読まれるときは死ぬほど読まれますし、読まれないときは何をどれだけ直そうがアホほど読まれません。**好きにやってください。

自分が面白いと思えて脳汁がブシャブシャ出るものであれば、不要な言葉だらけだろうが、同じ言葉や表現を繰り返そうが、それは「名文」なのです。

数年前、私は「食パン」にハマっていました。毎日のように「おいしく食パンをトーストできるトースター」で「トースターでトーストするとおいしい食パン」を焼いて食べていました。

そんなある日、ＬＯＦＴで「食パンとトースターに入れてトーストすると食パンがおいしくトーストできる石（※正式にはトーストスチーマーという陶器）」という商品を見つけたのです。

「食パンをトースターでトーストする前に食パンとトースターに入れてトーストすると食パンがおいしくトーストできる石を水に浸してからトースターに入れて食パンとトーストすると普通にトースターでトーストするよりもおいしい食パンがトースターでトーストできる」

というもので、私は気になってすぐに購入しました。

家に帰ってすぐに、おいしく食パンがトーストできるトースターでトースターでトーストするとおいしい食パンと食パンとトースターに入れてトーストすると食パンがおいしくトーストできる石をトーストしたのですが、トースターでトーストするとおいしい食パンがものすごくおいしく焼けたんです！

本当に感動しました。

それから、毎朝のようにトースターでトーストするとおいしい食パンとトースターに入れてトーストすると食パンがおいしくトーストできる石を一緒においしく食パンがトーストできるトースターで焼いて食べていたんですが、次の日は疲れていたのか、間違って食パンとトースターに入れてトーストすると食パンがおいしくトーストできる石をおいしく食パンがトーストできるトースターに入れないでトースターでトーストするとおいしい食パンをトーストしてしまったのです。

本当にドジでした……。でもここからが不思議な話。

食パンとトースターに入れてトーストすると食パンがおいしくトーストできる石を入れなくてもおいしく食パンがトーストできるトースターはおいしく食パンがトーストできるトースターだから食パンはおいしくトーストできてて、トースターでトーストするとおいしい食パンもトースターでトーストするとおいしい食パンだからトースターでトーストされた食パンはものすごくおいしく焼けたんです……。

私は「え……？」と驚きました。そして閃いたんです。

これもしかして、食パンとトースターに入れてトーストすると食パンがおいしくトーストできる石がなくてもおいしく食パンがトーストできるトースターとトースターでトーストするとおいしい食パンがあればおいしい食パンは食べられるんだから食パンとトースターに入れてトーストすると食パンがおいしくトーストできる石を入れてトーストしても変わらないんじゃないか……？

ということは……

トースターでトーストするとおいしい食パンと食パンとトースターに入れてトーストすると食パンがおいしくトーストできる石があったらおいしく食パンがトーストできるトースターがなくてもおいしい食パンは食べられるし、おいしく食パンがトーストできるトースターと食パンとトースターに入れてトーストすると食パンがおいしくトーストできる石があったらトースターでトーストするとおいしい食パンがなくてもおいしい食パンは食べられる、ということなんです……。

そう考えるとすごくモヤモヤしてきました……。

だから次の日に実験を始めたんです。まず、

「おいしく食パンがトーストできるトースターとトースターでトーストするとおいしい食パンで食パンとトースターに入れてトーストすると食パンがおいしくトーストできる石を入れないでトーストした食パン」

「ふつうのトースターでトースターでトーストするとおいしい食パンと食パンとトースターに入れてトーストすると食パンがおいしくトーストできる石をトーストした食パン」

「おいしく食パンがトーストできるトースターでふつうの食パンと食パンとトースターに入れてトーストすると食パンがおいしくトーストできる石をトーストした食パン」

「おいしく食パンがトーストできるトースターでトースターでトーストするとおいしい食パンと食パンとトースターに入れてトーストすると食パンがおいしくトーストできる石をトーストした食パン」

の、4パターンを用意しました。

そして焼き上がった食パンを一口ずつ食べてみたんです。

すると……

おいしく食パンがトーストできるトースターでトースターでトーストするとおいしい食パンと食パンとトースターに入れてトーストすると食パンがおいし

くトーストできる石をトーストした食パンと同じくらいおいしく食パンがトーストできるトースターでふつうの食パンと食パンとトースターに入れてトーストすると食パンがおいしくトーストできる石をトーストした食パンがおいしかったんです！！！！

これ、すごくないですか？

「いやもういらないいじゃん！」って思って本当に嬉しくなりました！

しかも驚いたのが、おいしく食パンがトーストできるトースターとトースターでトーストするとおいしい食パンで食パンとトースターに入れてトーストすると食パンがおいしくトーストできる石を入れないでトーストした食パンよりもふつうのトースターでトースターでトーストするとおいしい食パンと食パンとトースターに入れてトーストすると食パンがおいしくトーストできる石をトーストした食パンのほうがおいしくて！！

これどうなってんだよ！　ってなって！！

しかも、ふつうのトースターでトースターでトーストするとおいしい食パンと食パンとトースターに入れてトーストすると食パンがおいしくトーストできる石をトーストした食パンとおいしく食パンがトーストできるトースターでふつうの食パンと食パンとトースターに入れてトーストすると食パンがおいしくトーストできる石をトーストした食パンだったらふつうのトースターでトースターでトーストするとおいしい食パンと食パンとトースターに入れてトーストすると食パンがおいしくトーストできる石をトーストした食パンのほうがおいしいんですよ！！！

もうめっっっっちゃテンション上がって！！！！　ってことは、

おいしく食パンがトーストできるトースターでトースターでトーストすると
おいしい食パンと食パンとトースターに入れてトーストすると食パンがおいし

くトーストできる石をトーストした食パン＝ふつうのトースターでトースターでトーストするとおいしい食パンと食パンとトースターに入れてトーストすると食パンがおいしくトーストできる石をトーストした食パン＞おいしく食パンがトーストできるトースターでふつうの食パンと食パンとトースターに入れてトーストすると食パンがおいしくトーストできる石をトーストした食パン＞おいしく食パンがトーストできるトースターとトースターでトーストするとおいしい食パンで食パンとトースターに入れてトーストすると食パンがおいしくトーストできる石を入れないでトーストした食パン

ってことじゃないですか！！！！！　じゃあ最適解なのは、

おいしく食パンがトーストできるトースターとトースターでトーストするとおいしい食パンと食パンとトースターに入れてトーストすると食パンがおいしくトーストできる石をトーストした食パンがなければふつうのトースターでトースターでトーストするとおいしい食パンと食パンとトースターに入れて

トーストすると食パンがおいしくトーストできる石をトーストした食パンよりも高いトーストするとおいしい食パンかおいしく食パンがトーストできるトースターでふつうの食パンと食パンとトースターに入れてトーストすると食パンがおいしくトーストできる石をトーストした食パンよりも高いおいしく食パンがトーストできるトースター

ってことですよね!!!???

本当にすごい発見をしました。そんな、心が「ふっくら」した話でした。パンだけにね。

――kansou「「食パンとトースターに入れてトーストすると食パンがおいしくトーストできる石」を買った」より

これが、推敲に推敲を重ねた「脳汁が出る文章」です。

「食パンとトースターに入れてトーストすると食パンがおいしくトーストできる石」

この語感の奇妙さに着目し、句読点を極力省き、同じ表現を何度もしつこく繰り返すことで、読後に脳が活性化する文章を完成させました。

一般的な「読みやすさ」を一切度外視したこの文章は、一読しただけでは決して理解できないかもしれません。しかし、ぜひ一度チャレンジしていただきたい。他の文章では味わえない達成感と快感が得られることでしょう。

どんな文章を書きたいのか、**推敲はあくまでもそのための「手段」でなくてはならない。そこには正解も不正解もありません。**どうか型にはまらないでください。

おわりに

「はじめに」でも書きましたが「文章術の本を書いてください」と言われたとき、非常に困惑しました。なぜなら、私は全部センスで、感覚で、その場の思いつきだけで文章を書いているのですから。

天性のものを他人に教えられるわけがない。しかも、「ちなみに何文字くらい必要なんですか」と尋ねて返ってきた答えが「最低7万字」でした。

「いや無理だろ。まず7万字ないと文章の書き方説明できないやつの文章なんか確実に下手だろ」

そう言いたかったのですが、グッと堪えました。1回引き受けた以上、この本は絶対に完成させなければいけません。私はちゃんとした大人なのです。

困りに困った結果、どうにか内容をパク……いや参考にできないかと、いくつかの文章術の本を読みました。そして、こう思いました。

「まずお前が書いた一番有名な文章を載せろ」

と。なんかすごそうな雰囲気だけ纏《まと》ってるけど、いったい何を書いている人間なんだ？　とモヤモヤして内容が一切入ってきませんでした。ずっと「こいつ誰やねん」がつきまとっていました。この文章術を読んで良い文章、面白い文章が書けるのか、全くイメージできない。伝わってこない。なぜなら「どんな文章を書くのか知らない」から。

まるで説得力がありませんでした。藤井聡太が書いた将棋本は誰もが読みたいですが、自称藤井聡太並みの腕前を持つフォロワー300人のタカヤンが書いた将棋本を誰が買うのでしょうか。

元々が筆者のファンならまだしも、全く筆者を知らない立場の人からすれば、よそ行きの説明書みたいな文章をダラダラと何万字も読まされても一瞬で飽きますし、本だけで完結したい人に対して「筆者を検索して一番有名な記事を探して読む」というステップを踏ませるのは、あまりにも不親切すぎる。

そこで私は考えました。「今までブログや他のサイトで書いたガチ文章を引用しまくって、それっぽく解説すればいいのでは？　それって文章術の本であり、エッセイじゃね？」と。

私が知る限り、この手法で文章術の本を書いている人間は一人もいませんでした。ここに勝機がある。『王様のブランチ』いける。こうして、エッセイでもありつつ文章術の本でもある究極の1冊「文章術偽造エッセイ」が完成しました。

この本には、私がこの10年で書いてきた魑魅魍魎《ちみもうりょう》の文章をたくさん載せました。それは「あえて」です。

決して「何も思いつかないから文字数埋めるために無理やり引用した」とかではありません。信じてください。

文章に「術」などというキモいものは存在しない。「文章はこんなにも自由である」ことを、あなたに知ってほしかった……。

何にも囚われず自由に書くことで、今まで見えていた景色が全く違って見えるはずです。見上げていた青空は本当に青空なのか、枯れた花は本当に枯れているのか、抱いていた夢は本当に叶えたい夢なのか……。

なんで寝る前にオシッコいかなかったのか、なんでシャンプーとリンス同時に使い切れないのか、なんで使いたいときにすぐ爪切りが見つからないのか、なんで「よく振ってからお飲みください」に開けてから気づくのか、なんで電車で耳塞ぎたいときに限ってBluetoothイヤホンの充電切れてるのか、なんでWi-Fi繋いでると思って動画ガンガン見てたら4Gになってるのか、なんでリアルタイムでやってるテレビ番組なのに「早送り」ボタン押しちゃうのか、なんでマズいのわかってるのにコンビニのワゴンセールになってる変な味のポテチ買っちゃうのか、なんで広告で出てくるエロいコマの漫画だいたいクソつまらないのわかってるのに何回も釣られてクリックしちゃうのか、なぜ人は争い傷つけ合うのか、それでもなぜ愛することをやめられないのか……。

そんな疑問の積み重ねが「あなただけの文章」を生むのです。

あなただけの文章が書けるようになったと思ったら、ぜひご一報ください。
ブログ管理画面のログインＩＤとパスワードをお教えします。

今日からあなたが「kansou」です。

かんそう

KAKENAINJANAI, KANGAETENAIDAKE.
WO YONDE, KANGAETEKARA KAITEMORATTA.

『書けないんじゃない、考えてないだけ。』を読んで、考えてから書いてもらった。

星の数ほどある文章術の本への最大の疑問が「読者の文章が良くなったのかわからん」でした。そこで「何も知らない数名に同じテーマで本書を読む前と読んだ後に文章を書いてもらい比べる」前代未聞の企画を行いました。これは非常に危険な賭けです。Before が良かったら最悪。本書は終了です。しかし、もし After が魅力的ならこんな最高なことはありません。それでは見ていきましょう。

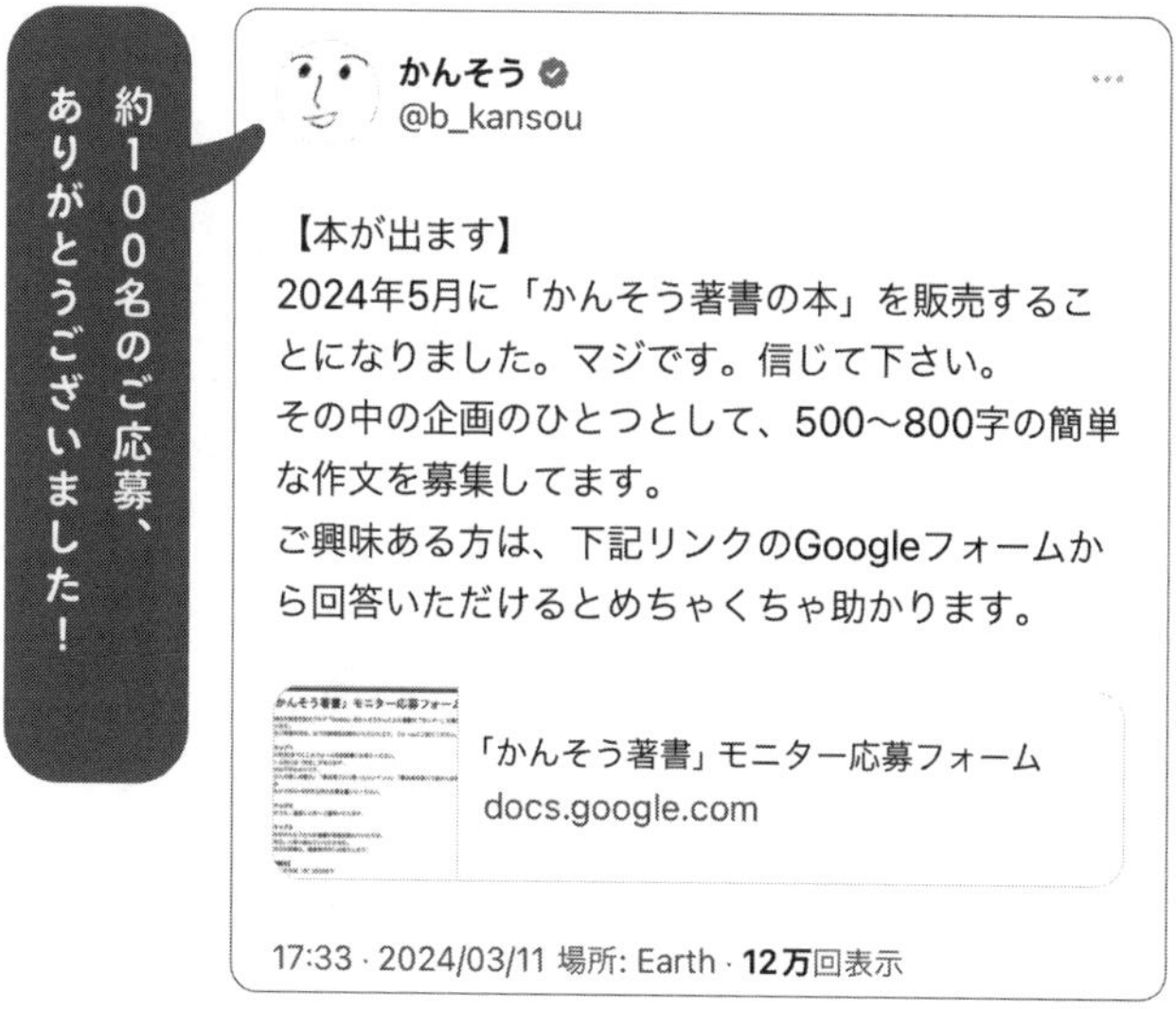

約100名のご応募、ありがとうございました！
かんそう
@b_kansou
【本が出ます】
2024年5月に「かんそう著書の本」を販売することになりました。マジです。信じて下さい。
その中の企画のひとつとして、500〜800字の簡単な作文を募集してます。
ご興味ある方は、下記リンクのGoogleフォームから回答いただけるとめちゃくちゃ助かります。
「かんそう著書」モニター応募フォーム
docs.google.com
17:33 · 2024/03/11 場所: Earth · 12万回表示

音ハメで脳破壊してくる女、佐藤優樹がヤバい

へちまさん　25歳／会社員

私の推し、佐藤優樹さん。元モーニング娘。10期メンバーであり、現在はソロアーティストとして活動中。そんな彼女の魅力を稚拙ながら綴っていこうと思う。

本題に入る前に、一点補足をば。名前の読みは「さとうまさき」なのでご留意いただきたい。多くのメンバーやファンは「まーちゃん」と呼んでおり、彼女自身も一人称は「まー」である。可愛い。

それでは本題に入っていく。

まず、彼女の魅力を語る上で外せないのは「表現力」だ。新参ホイホイと称す声も上がるほど、彼女の見せるパフォーマンスには人を惹きつける魔力がある。メインで歌っている時はもちろん、振り向きざまの表情や捌ける際の姿勢など、どこを切り取っても絵になるのだ。

次に、音の取り方。リズム感がとにかく抜群で、一音一音正確に歌詞がハマる。これがとても気持ちが良い。パキっとした歌い方とエレキギターのような彼女の声質は非常にマッチしており、聞き手は癖になる事間違いなし。また、振り付けでも要所要所で入れてくる音ハメには心を打たれる。アドリブでピストルを撃つような振りを入れる事がままあるのだが、あまりの気持ち良さに、脳天をぶち抜かれたような感覚になる。是非一度は経験していただきたい。

最後に、ギャップ。これも彼女を語る上では欠かせない。パフォーマンス中はどちらかといえば「カッコいい佐藤優樹」だが、ステージを降りればそこには「天真爛漫なまーちゃん」がいる。まるで別人。つい数分前までステージを支配していた筈の彼女が、MCでは後輩メンバーにイジられるなんて事もしばしば。親しみのある可愛い姿も見せてくれるものだから、好きにならずにはいられない。

以上が私の思う佐藤優樹さんの魅力である。長々と書き連ねたが、百聞は一見にしかず。興味が湧いた方はYouTubeで「佐藤優樹 Ding Dong」と検索していただきたい。きっと境界線の向こう側へ行けますから…。

After ←

佐藤優樹の「音ハメ」に人生狂わされている。

一度目にしたら最後、死ぬまで脳が音ハメを求め続ける「優樹ジャンキー」①にならざるを得ない。

彼女はハロプロという16ビート地獄で育ってきただけあり、モー娘。時代に数々の音ハメを生み出してきた。

69thシングル「純情エビデンス」MVでの音ハメは格別。

ラスサビで「可愛いでしょ」というパートを担当しているのだが、この「しょ」の部分のソロカット数秒でこちらの心を鷲掴みにしてくる。

まず「しょ」に合わせて人差し指にキス。この時点でオタク(私)の汚い血が沸き立つというのに、その直後、クラップ音に合わせてニヤリ顔をばちこりハメてくる。

す、好き……

この「メロディーラインに合わせた振り」から「インストの〝音〟に合わせた表情切り替え」の二段構えがエグい。1パートで二度の衝撃、逕庭拳か？②マジで気持ち良すぎて〝飛ぶ〟ので、是非MVを観ていただきたい。

さらに、モー娘。卒業後も佐藤優樹の「音ハメ無双物語」は止まる所を知らない。ソロデビューシングル「Ding Dong」では、歌によって刻まれる16ビートを堪能できる。

まず初っ端の「ンベイ〜ビッ」で即昇天。出オチ。対戦ありがとうございました。「ン」で裏拍を取ってから「Baby」をきっちり合わせてくるの、耳垢ごっそり取れた時よりも気持ち良い。

また、サビ前の「ンこんなッ！表情(かお)ッ！するとかァ〜ッ」「知らァッ、ないッ、ンでしょッ！」…激ヤバ。裏拍とスタッカートの多用で死人出る。こんなのが3分37秒も続くので、聞く前に誓約書とか書かせた方が良い気がする。③

ダンス、表情、歌、全てにおいて刺激を与えてくる劇薬・佐藤優樹。つんくがとんでもない女をモーニング娘。に入れたせいで人生メチャクチャにされてるので、責任取って「リズム天国feat.佐藤優樹」④を制作してください、お願いします…。

かんそうコメント

Afterでは①②③④など「意味不明なのに刺さるワード」が増え、佐藤優樹への異常な愛情が爆発していて最高でした。後半でもどこの音ハメに狂っているのか、歌声の文字起こしを用いながら深海レベルで感情の海に潜っていたので、窒息死しないか心配です。

Before

推しを見る幸せに肩まで浸かって100数えてるけど終える気ない

砂糖はあまいさん

18歳／高校生

何について書くか考えあぐねていたので、そもそも魅力ってなに？　という超初歩的な疑問を解決させることにした。魅力とは人の気持ちを引きつけて夢中にさせる力のことらしい。なるほど、好きなところとはまた違うのか。彼女の凛とした佇まいや麗しいという言葉がよく似合う顔立ちも大好きではあるが、その意味だとやはり他に類を見ない声が魅力的だと思う。

そもそもドラマを横目に勉強している私の手を止めさせたのは、あの少し低くて鼻にかかったような、それでいて華やかで落ち着いていて独特な響きの声だった。母に「あの俳優さん誰!?」と聞いた私の声はきっと興奮で上ずっていたことだろう。

俳優として様々な役をこなす彼女の演技に惚れ惚れとする中で、声の印象がこうも変わるものかと感嘆した。明るく穏和な母親を演じるとき、落ち着きはそのままに少女のような可憐さも感じられるような、慈愛に満ちた声で家族を包み込んでいて、私の心も暖かくなった。泣く子も黙るほど冷酷な後妻を演じるときにはそんな穏やかさはなりを潜め、華やかで艶のある声が男を誘い、周囲をどんどん追い詰めていく、その様を見たとき心底ゾッとした。特徴的なあの声がここまで振れ幅大きく役に溶け込むこと自体不思議でならないが、これには彼女の演技力たるや…と脱帽せざるを得ない。

一昨年、彼女が主演をつとめる舞台を観に行ったときの話をして終わろうと思う。

客入れの音楽を聴きながら席に1人座り、開演をそわそわしながら待った。幕が上がって、他の出演者が舞台をせわしなく動き回るのを観て笑いながら、ピントの合わない双眼鏡を持ち直したその瞬間――響いた。画面越しに恋焦がれていた彼女の、あの唯一無二のアルトが劇場いっぱいに、私の体いっぱいに、響いた。圧倒された。息をするのも忘れるとはこれか。隣の人も息を飲んでいた。私はもう彼女から逃れられない、なんて小説でしか見かけないようなことを本気で思った。

After

　劇場いっぱいに、私の体いっぱいに響いた。①画面越しに恋焦がれていた彼女の唯一無二のアルト。度肝を抜かれた。隣の人の息を飲む音。自分が呼吸を忘れていたことに気づいた。

　魅力とは人の気持ちを引きつけて夢中にさせる力のことらしい。何について書こうか考えあぐねていると、ふと彼女が出演する舞台を初めて観たときの衝撃を思い出し、そして分かった。彼女の魅力、それは声だ。

　そもそもドラマを横目に勉強している私の手を止めさせたのは、あの少し低くて鼻にかかったような、それでいて華やかで、でも落ち着きのある、なんとも形容しがたい響きの声だった。母に「あの俳優さん誰!?」と聞いた私の声はきっと興奮で上ずっていたことだろう。

　俳優として様々な役をこなす彼女の演技に惚れ惚れとする中で、声の印象がこうも変わるものかと感嘆した。

　明るく穏和な母親を演じるとき、落ち着きはそのままに花がほころんだような可憐さも感じられ、その慈愛に満ちた声は暖かく家族を包み込んでいた。母としても一人の人間としても周囲の人たちを絶対に取り残さず大切にしたいという信念が春の陽だまりの雰囲気をまとって声色の節々に感じられ、視聴者でしかないのに私の荒んだ心もじんわりと癒された。②受験期、本当にお世話になりました。

　泣く子も黙るほど冷酷な後妻を演じるときにはそんな穏やかさはなりを潜め、艶と凄みが双璧をなす声で周囲をどんどん追い詰めていく、その様を見たとき心底ゾッとした。というか息止まった。なんだ…？　今私が見てた人は誰？　あのとんでもない威圧感はなに？？　以前も気迫に満ちた演技を共演者からちびりそうになったと言われてたけど画面越しでも危なかったし手汗でスマホ何度か落とした。それくらいやばい。

　特徴的なあの声がここまで振れ幅大きく役に溶け込むこと自体不思議でならないが、これには彼女の演技力たるや…と脱帽せざるを得ない。

　なんかもう…永遠に聴覚全部支配されたい……。③

かんそうコメント

18歳。天才。俺より文章上手い。この本読んで下手になったらどうしようと震えてましたが、見事に良いところだけ吸収してくれたと思います。①で引き込まれ、②の表現の美しさに惚れ、③の狂いっぷりに笑いました。あなたが本出してください。買います。

Before

昭和生まれ平成育ち悪そうな奴は大体友達世代の私は無職でも無敵

コツメカワウソさん

35歳／無職

私は先月無職になった。人生初の解雇だ。会社の金を横領したわけでも情報を第三者に流すようなとんでもないミスをしたわけでもない。会社の経営状態悪化によるリストラというやつだ。技術が必要とされる職種で私だけが未経験からの入社だった。私が切られるのは当然の采配。

友人に報告をしたら大変だねでも、大丈夫？　でもなく「おめでとう！！」と。

そう、私は仕事を辞めたくて仕方がなかったのだ。辞められるように仕向けたことは一度もない（滲み出ていた可能性は否定できないが）。もう限界かもしれないというギリギリのラインで退職を促されたのだ。神からのプレゼントかと思った。

私の座右の銘は「死ぬ気でやるな殺す気でやれ」だ。危ない。もう少しあの会社に長居していたら、もしかしたらもしかしていたかもしれない。

誇れるような人生ではないけれど、せめて無事故無違反無犯罪で人生を終えたいところだ。ソリが合わない、馬が合わないと同じくらい世の中には「エネルギーが合わない」というものが存在していると私は思う。

こちらがいくらポジティブであっても、マイナスなエネルギーを発してる人と一緒の空間にいるだけで食い尽くされそうになる。「これかわいいね〜」なんて世間話しようもんなら「でもこれってＡＩ生成ですよね？」とか真顔で言ってくる。

お前のこと誰が好きなん？　でも思うんですよ。あちら側からしてもこちら側が厄介なんだろうなって。それぞれに地獄があるって言いますし。だからお互い違う環境でそれぞれの大切な人達と幸せに過ごせばいい。お互いが知らないところで幸せになればいい。

私は突然無職になったけど近年で一番の幸せを感じている。大丈夫なの？と心配する母親からのラインにビバ☆ニートと返信したら流石に怒られたけど、健康で文化的な最低限度の生活が自力で続けられる限り今の生活を満喫しようと思う。こんなに穏やかな気持ちは久しぶりだから。

After ←

金の横領情報漏洩なんて池井戸作品によくあるような理由ではなく経営状態悪化により突然リストラされアラサー独身女無職生活が始まったのはつい先日のこと。15歳の私はこんな未来を想像していただろうか。24歳で結婚して〜子供は2人〜週末にはステップワゴンでアウトレット行って〜帰り道疲れ果てて眠る子供達を微笑ましく眺める人生を思い描いていただろうに申し訳ない現実はアラサー独身リストラ無職だ。

社内で哀れみの視線を向ける輩が数名いたが残念だったな私は1ミリたりとも落ち込んではいない。

正直めっっっっっっちゃ辞めたかった！！①

これは神からのプレゼント？　ベストタイミングすぎない？　私って神から愛される申し子？　ソリ合わない、ウマ合わない、エネルギー合わない。この世に存在するありとあらゆる合わないをかき集めた環境でよく耐えたな私！！

急なことで本当に申し訳ない困ったことがあったらなんでも相談してね、だと？

ジジイ私を舐めるな。

昭和生まれ平成育ち悪そうな奴は大体友達世代だぞ。

リストラごときでへこたれるような人生を駆け抜けてきた覚えはない。置き土産に私の座右の銘を教えてやる。今後の人生に役立てるが良い。

「死ぬ気でやるな殺す気でやれ」

私のことは忘れてもこの言葉だけは忘れるな。お前の身の安全のため神が私を引き離したんだからな？　感謝して体は大事にしろよジジイ。

共存できなかった厄介者同士これからはお互い知らないところで幸せになろう。私は先に行かせてもらう。

15歳の私へ②

家族団欒ステップワゴンには乗れていないけど強く逞しく死ぬ気でやるな殺す気でやれをモットーに人生を楽しんでいるので安心してください。あなたの人生は最高にファンキーだよ。

かんそうコメント

ビックリするほど口が悪くなり文章速度が倍増しました。前半12行の爆走から①でもう一段ギアが上がり、ジジイへの憎悪がMAXになり爆笑。俺がジジイだったら恐怖でションベン漏らしてます。それなのに②で少しほっこりする落差、クレヨンしんちゃんの映画？

引用サイト

kansou

https://www.kansou-blog.jp/

美容院が嫌すぎて髪生やすのやめたい

https://www.kansou-blog.jp/entry/2019/12/02/181430

ウホウホウッホホウホホウホ

https://www.kansou-blog.jp/entry/2015/12/05/082600

Mステの知らねぇ高校生がダンスするコーナー
どういう気持ちで見りゃいいんだよ

https://www.kansou-blog.jp/entry/2018/06/03/091819

北海道民の俺にはバンプの『スノースマイル』が
1ミリも共感できない

https://www.kansou-blog.jp/entry/2020/01/04/173603

サカナクション『陽炎』の
「カ゛ア゛アゲロォッ！カ゛ア゛ア゛ア゛アロォッッ！！」の
中毒性についての論文

https://www.kansou-blog.jp/entry/2019/06/27/173834

「名探偵コナン推理ガチ勢」だった
僕を変えた灰原哀

https://www.kansou-blog.jp/entry/2021/04/09/183729

「あざとカラオケ」のおかげで
アンジュルムとエビ中に溺れかけてる

https://www.kansou-blog.jp/entry/2021/08/10/173656

なにが「エモい」だよ
意味不明なんだよ恥を知れ恥を

https://www.kansou-blog.jp/entry/2018/04/20/173942

米津玄師『Lemon』聴いて「こわい」と思った
https://www.kansou-blog.jp/entry/2018/02/20/171940

三浦大知の新曲『能動』、
三浦大知10人くらいいて怖い
https://www.kansou-blog.jp/entry/2023/09/06/124538

一重でくせ毛のやせた男に「星野源に似てる」って
言ってくる奴、だいたい星野源のこと全然知らない
https://www.kansou-blog.jp/entry/2022/09/03/174124

死ぬほどサウナ入ってるのに
一回も整ったことないしむしろ乱れてる
https://www.kansou-blog.jp/entry/2023/04/25/173736

SixTONES『君がいない』の「カッフィ」が、
もう一生頭から離れられない
https://www.kansou-blog.jp/entry/2024/01/19/202804

雪かきしてたら
鹿賀丈史みたいな顔したババアにキレられた
https://www.kansou-blog.jp/entry/2019/12/12/173811

ファックス文化さっさと滅びろ
https://www.kansou-blog.jp/entry/2019/04/13/173815

人生初の飛行機ファーストクラスで
天国と地獄を見た
https://www.kansou-blog.jp/entry/2019/09/12/173811

高校のクラスメイトの
結婚式行ったら地獄だった
https://www.kansou-blog.jp/entry/2018/12/26/173847

俺はドラマ『silent』の湊斗を救いたい
https://www.kansou-blog.jp/entry/2022/10/21/224739

「食パンとトースターに入れてトーストすると食パンがおいしくトーストできる石」を買った

https://www.kansou-blog.jp/entry/2020/10/02/181739

精液検査をしにいったら、射精をする部屋でパニックに陥ったのでレポートします。（もはや日記とかそういう次元ではない）

https://manato-kumagai.hatenablog.jp/entry/2019/02/20/175730

星野源の嘘のなさを『あちこちオードリー』で改めて感じた（クイック・ジャパン ウェブ）

https://qjweb.jp/column/53657/

※「kansou」からの引用文は書籍掲載にあたり修正を加えている部分がございます。

参考文献

『ツァラトゥストラかく語りき』フリードリヒ・ニーチェ、佐々木中［訳］（河出書房新社）

『よみがえる変態』星野源（文藝春秋）

『もものかんづめ』さくらももこ（集英社）

『新訂 孫子』金谷治［訳注］（岩波書店）

高松正毅「「起承転結」小考」（高崎経済大学論集第46巻第４号）

かんそう

1989年生まれ。北海道釧路市出身。

2014年から、はてなブログにて個人ブログ「kansou」を運営し記事数は1000超、月間PVは最高240万アクセス、累計PVは5000万アクセス。読者登録数は全はてなブログ内で6位の多さを誇る。

その名の通り音楽、ドラマ、映画、ラジオ、漫画、ゲームなどあらゆるカルチャーの「感想」を常軌を逸した表現力で綴っている。

また自身の感情を爆発させた日記も人気で、「Mステの知らねぇ高校生がダンスするコーナーどういう気持ちで見りゃいいんだよ」「人生初の飛行機ファーストクラスで天国と地獄を見た」「死ぬほどサウナ入ってるのに一回も整ったことないしむしろ乱れてる」などの記事はX（旧Twitter）で数万リポストされ「Mステ」「ファーストクラス」「サウナ」のワードがトレンド入りを果たすほどの反響があった。

クイック・ジャパン ウェブ、リアルサウンド テックなどの媒体でライター活動を行うほか、TBSラジオで初の冠番組『かんそうの感想フリースタイル』のパーソナリティも務めた。

kansou
https://www.kansou-blog.jp/

JASRAC 出 2401926-401

書けないんじゃない、考えてないだけ。

2024年5月20日　　初版印刷
2024年5月30日　　初版発行

著　者　　かんそう
発行人　　黒川精一
発行所　　株式会社サンマーク出版
〒169-0074
東京都新宿区北新宿2-21-1
(電)03-5348-7800
印　刷　　共同印刷株式会社
製　本　　株式会社若林製本工場

ISBN978-4-7631-4137-8　C0030
ホームページ　https://www.sunmark.co.jp